JN129703

5科目50年分 10000問を分析した 東大生の

西岡壱誠

ダイヤモンド社

「あと1点」を取るための テクニックがある

みなさんは、テストでいい点数を取りたいと思ったことはありますか？　そしてそう思ったときに、どんな努力をすればいいと思いますか？

『テストテクニック大全』なんて本を手にとって読んでいただいている時点で、当たり前に「いい点を取りたい」と思ったことがあるのでしょう。しかし、「どんな努力をすればいいか」については、答えが分かれるのではないでしょうか。

たとえば、真面目な人は「一生懸命勉強する」という回答をすることでしょう。「とにかく頑張れば、成績もついてくるはず！」と。

でも、ちょっと立ち止まって考えてみましょう。

テストというのは、「どれだけ努力してきたか」を測るものでしょうか？

「今までの勉強時間が、どれくらい長かったのか」を測るためのものでしょうか？

そんなことはないですよね。その人の「実力」を測るためのものです。そして、「実力」というのは、自分の持っている力をすべて出し切ってこそ、測れるものだと思いませんか？

そうであれば、できることはなんでもやるべきです。テクニックを使って問題を解いても、実力のうちです。**他の受験生が知らないような情報をゲットして、それを活かして戦うのは、「ずる」ではありません。それも含めて実力です。**

本書は、他の人からしたら「ずるい」と言われてしまうようなテクニックをたくさん詰め込んだ本です。世の中にたくさんある、「勉強法」についての本とはまったく違い、テスト本番の短い時間の中で、どうすれば100%の実力を発揮して点数を稼ぐことができるのかについて語るものです。

本書を書くにあたり、私は5科目50年分10000問を分析しました。その中で、多くの人が知っておくべき、さまざまな試験の「点数の上げ方」「点数の稼ぎ方」についてまとめたのが、本書です。

テストは、1点で勝負が分かれます。あと1点で不合格になる人もたくさんいます。そしてその最後の1点は、本書で紹介するテクニックかもしれません。

テストで点数を稼ぎ、望む結果を得るために、ぜひ、本書を活かしてみてください！

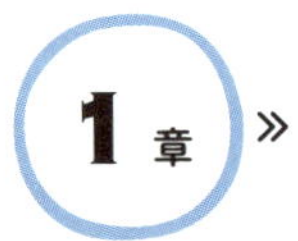

答えがわからなくても選べる！「選択問題」のテクニック

全部を読まなくてOK！「読解問題」のテクニック

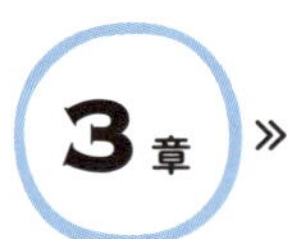

得点最大化の魔法！「記述問題」のテクニック

4章 » チャレンジを決めたら！「個別試験」のテクニック

5章 » 緊張しない！「テスト当日」のテクニック

1 章

答えがわからなくても選べる！
「選択問題」のテクニック

「断定しすぎ」には要注意

選択肢の中に「すべて」「必ず」「絶対に」といった極端な表現があるとき、その選択肢は誤りであることが多いです。なぜなら、ひとつの例外を示すだけで誤りと示すことができるからです。

ここで使える！

- **中学受験～大学受験までの入学試験（特に社会と理科）**
- **選択肢が文章の形になっている選択問題**

» テクニックのコツ

選択肢の中には、「**すべて**」「**必ず**」「**絶対に**」といった極端な表現を使っているものがあります。このような**「断定しすぎ」の選択肢は正しいものではない場合が多い**です。

大抵の現象や法則には例外があります。たとえば、「北海道では絶対にパイナップルを作ることはできない」といっても、ビニールハウスを作って暖かい南国の環境を作り上げれば、パイナップルを作ることはできます。つまり、「北海道では絶対にパイナップルを作ることはできない」は間違いになります。ですから、「絶対に～である。」と言い切ることは難しく、そういう選択肢は例外をひとつ挙げるだけで誤りだと示せます。また、**出題者側としても「なぜその選択肢が誤りであるか」は解説しやすいので、このような「断定しすぎ」の選択肢は誤答として用意しやすい**のです。

では、次の問題を見てみましょう。

2024年 共通テスト 現代社会 第3問 問7

下線部ⓕに関して、情報についての日本の法制度に関する記述として最も適当なものを、次の①～④のうちから一つ選べ。 20

① 情報公開制度により、行政機関は開示請求を受けたとき、いかなる場合も情報を開示しなければならない。

② 特定秘密保護法により、防衛・外交などの安全保障に関わる秘匿性の高い情報を漏えいする行為が禁止されているが、罰則は設けられていない。

③ 個人情報保護法により、自己の個人情報の開示や訂正などを一定の民間事業者に対して求めることが認められている。

④ 通信傍受法により、アクセス制限がされているコンピュータに対し、私人が他人のパスワードを無断使用してアクセスすることが禁止されている。

共通テストの現代社会で出題されたこの問題。情報についての日本の法制度に関する記述として適切なものを選ぶ問題です。①の選択肢に「情報公開制度により、行政機関は開示請求を受けたとき、いかなる場合も情報を開示しなければならない。」とありますが、**「いかなる場合も」は例外を許さない極端な表現**です。情報公開制度による情報の公開には例外は存在しないのかというと、実は例外が存在し、個人情報などの一定の情報は開示義務を免れます。ですので、この選択肢①は誤りであることがわかります。このように、「断定しすぎ」に注意するだけで選択肢を減らせる場合もあるのです（正解は③）。

その選択肢が正しいのか誤っているのか、自信を持って答えられないことのほうが多いものです。時間をかけて悩んで正しい答えが出るならともかく、ただ迷ってなんとなくどれかを選ぶだけの時間は、はっきり言って無駄です。**もしそれが正しいかどうかわからなくても、選択肢の中に「断定しすぎ」の表現があれば、「すぐに思いつかないけど、何かしらの例外はあるだろう」と考えて、とりあえず誤りと判断して次に進んでしまったほうがよいかもしれませんね**。試験時間は有限ですから、時間をかけるべき問題にしっかり時間をかけられるよう、テクニックで迷う時間を節約していきましょう。

○×△テクニック

選択肢の文章を要素ごとに分解し、それぞれの要素が正しいと思うか、間違っていると思うかを○×△で評価するテクニック。その上で、×が少ない選択肢が一番正解に近いと判断します。

ここで使える！

- **中学受験〜大学受験までの入学試験（特に国語と社会）**
- **選択肢が文章の形になっている選択問題のうち、選択肢の文章が長い問題**

» テクニックのコツ

選択肢が文章の形で与えられると、ひとつの選択肢の中に複数の要素が含まれていて、「前半は正しそうだけど後半が違う気がする……」「全体的になんとなく合ってる気がするけど自信がない……」と判断に迷ってしまいます。ただでさえ長い文章の選択肢を読むのは大変なのに、これでは答えをひとつ選ぶのに多くの時間を使うことになります。

そこで役に立つのが、「○×△テクニック」です。**まず、それぞれの選択肢を読みながら、文章を要素ごとに「/」で区切って分解します**。たとえば、「クローヴィスの改宗によって、フランク王国は先住のノルマン人の支持を得ることができた。」という選択肢は、

「クローヴィスの改宗によって、/フランク王国は/先住のノルマン人の支持を得ることができた。」

と3つの要素に分解することができます。そして、この分解した要素を判断していきます。**それぞれの要素について、正しいと思えば○、間違っていると思えば×、迷ったり知らなかったりしたら△と書き込んで評価しましょう**。「クローヴィスの改宗は、フランク王国で合っているのか？」と考えて、正しいと思えば○とします。

「先住のノルマン人の支持を得ることができたと書いてあるが、合っているのか？」と考えて、間違っていると思ったら×を、迷ったり知らないなと感じたら△を書き込みます。

これをすべての選択肢について行ったら、あとは簡単です。**選択肢のうち、最も×が少なく、◯が多いものを選べばよい**のです。**なぜなら、それが自分の持ちうる知識と照らして一番誤りが少なく、正解に近いものだから**です。

では、次の問題を見てみましょう。

問題　次のうち、戦国時代から江戸時代に関する説明として正しいものはどれでしょう？

① 徳川家光は、江戸幕府の2代将軍であり［×］、/鎖国政策を完成させた［△］。

② 豊臣秀吉は、刀狩を実施して農民から武器を取り上げ［◯］、/これによって統治を安定させた［△］。

③ 徳川家康は、関ヶ原の戦いで［◯］、/豊臣秀吉に勝利した［×］。

④ 島津義弘は、関ヶ原の戦いで東軍として参加し［△］、/徳川家康に味方した［△］。

この場合は①が［×］［△］、②が［◯］［△］、③が［◯］［×］、④が［△］［△］なので、②が一番正解の可能性が高いと判断できます。

◯×△を選択肢に書き込むことの隠れたメリットは、「さっきの選択肢を自分がどう評価したのか忘れるのを防げる」ことです。試験中は必死なので、目の前の選択肢について考えているうちに前の選択肢がどうだったのかを忘れて、また考え直す羽目になることも多々あります。その場で◯×△を書き込むことで、いざ選択肢を見比べたときに、内容を見直さなくとも「これは◯なんだな」と確認の時間をショートカットできるのです。

さらに、**ひとつでも確信を持って×をつけることができた選択肢はそれ以上読み進める必要がないので、問題を解くのにかかる時間を大幅に短縮することもできる**のです。

「常識はずれ」は不正解

選択肢の中に、明らかに常識はずれであったり、著しく倫理や道徳に反していたりするものが紛れていることがあります。そのような選択肢は正解となりにくいので、答えの候補から除外できます。

ここで使える！

・英語、国語の選択問題
・受ける人数が多い試験である大学受験や公的機関の資格試験

» テクニックのコツ

選択肢を読んで、問いに対する正しい答えがどれかを考える以前に、そもそも候補から外せる選択肢があります。それは、選択肢の内容が常識はずれであったり、著しく倫理や道徳に反していたりするものです。

例として、共通テストで出題された問題を見てみましょう。資料として大学図書館に関する情報が与えられており、それを読んで答える問題です。

2022年 共通テスト 英語リーディング 第2問A 問1

[6] are two things you can do at the library.（[6]が図書館でできる2つのことだ。）

A：bring in coffee from the coffee shop（コーヒーショップのコーヒーを持ち込むこと）

B：save seats for others in the Study Area（自習スペースで他の人のために席を確保すること）

C：use the photocopiers on the second floor（3階のコピー機を使用すること）

D：use your ID to make photocopies （学生証を使ってコピーをとること）

E：use your laptop in the Study Area （自習スペースでノートパソコンを使用すること）

ここで問われているのは「図書館でできること」で、正解はDとEなのですが、選択肢の中でひとつだけ、明らかに正解とはなりにくいものがありますね。そう、Aの「bring in coffee from the coffee shop（コーヒーショップのコーヒーを持ち込むこと）」です。

一般的に図書館というのは、貴重な蔵書や資料が汚損することを防ぐため、館内での飲食については厳しいルールを課しているものです。実際に東京大学の総合図書館では、飲食物のうち「館内で持ち歩く際にこぼす恐れがあるもの」は持ち込みを禁止しており、密閉式のキャップが付いた飲み物であれば持ち込み可能ですが、それでも書庫資料閲覧室では飲むことができません。ましてや「コーヒーショップのコーヒー」という、こぼしやすく汚れになりやすい飲食物の持ち込みができるわけがありませんね。

もちろん、問題によっては、そうした常識はずれの選択肢が正解となるような場合がないとは言い切れません。ですが、**試験は多くの人が受験することを想定して作られているので、やはりある程度は常識に沿った解答が用意されていることが多い**です。答えに迷ったとき、常識はずれの選択肢は優先して候補からはずしてしまってもよいでしょう。

「間違いを選べ」で見るべき言葉：「言われている」「可能性がある」「場合がある」

選択問題において、「間違っているものを選べ」「適当でないものを選べ」という問題は多いです。そんなときに使えるテクニックとして、「否定しづらい言い方をしているかどうか」を確認しましょう。

ここで使える！

- **国語、社会、理科の選択問題の中で、「間違っているものを選べ」「適当でないものを選べ」という問題**

» テクニックのコツ

「これは間違いとは言い切れない」という言い方を探すのがこのテクニックにおいて重要なことです。

たとえば、「現在はキャッシュレス社会化が進行していると言われている」という選択肢があったとき、これは否定しづらいですね。仮にそんなことは言われていなかったとしても、たった１人だけでも「今ってキャッシュレス社会化が進行しているよね」と言っている人がいたら、「言われている」ことになります。「間違いだ」とは言えません。

同じように、「この地域では地震が発生する可能性がある」という選択肢があったときにも同じことが言えます。どんなに地震が発生しにくい地域で、何百年も地震がない地域だったとしても、可能性は「０」ではないですよね。**0.00001%でも可能性があるのであれば、それは間違いだとは言い切れない**のです。

10Pの「断定しすぎ」の選択肢は誤りであることが多い、という話の逆ですね。

間違っているものを選ぶ問題において、選択肢の「言われている」「可能性がある」「場合がある」は、間違っているものになりにくい、と覚えておきましょう。また、他にも「恐れがある」「傾向がある」なども亜種として間違っているものにならない場合があります。

ちなみに、英語でも同じことが言えます。「they say that（言われている）」とか「have a tendency（そういう傾向がある）」とか、そういった言葉も同様に、間違っているものになりにくいのです。では、次の問題はどうでしょうか。

問題　次の農業に関する文のうち、間違っている選択肢を選べ。

①　近郊農業では、鮮度を維持することができるので、他に比べて単価が高く農作物を販売できる場合がある。

②　農業は現在機械化が進行していると言われている。

③　政府が農家に対して生産量の制限を要請することはない。

④　レタスやキュウリ・トマトなどは、ビニールハウスで栽培することで、抑制栽培を行うことができる可能性がある。

この場合、①は「場合がある」なので否定しにくいです。②も、「言われている」なので、本当に機械化が進行しているのかなど関係なく、間違いではないと考えられます。④も、「可能性がある」なので、可能性が０でないのであれば否定しにくいです。ということで、答えは③になります。

テストは多くの人が受けているものであり、問題に不備があった場合には批判されてしまいます。だから、断言を避けている言い方が昨今どんどん増えています。ここを狙って得点していくようにしましょう！

ネガポジテクニック

選択肢の末尾に着目して、言葉選びがポジティブなのかネガティブなのかを判別します。中身ではなく、「ポジティブなのかネガティブなのか」のみを判断するのが肝。
本文を読んだうえで、答えがポジティブな内容になると思えば、その時点でネガティブな選択肢を候補から除外できます。

ここで使える！

- **中学受験〜大学受験までの入学試験の中で、国語や英語の長文読解かつ登場人物の行動の理由や心情を問う問題**

» テクニックのコツ

国語や英語の長文読解では、選択肢をすべて読まなくても候補を減らせることがあります。たとえば、共通テストで出題された次の問題。女子高生「イチナ」に向かって友人が「気安い声」を出した理由を問う問題です。実はこの問題、選択肢のある一部を読むだけで、正解の候補を半分に減らすことができるのです。その一部とは、ずばり「**末尾**」です。

☑ 2024年 共通テスト 国語 第2問 問3

傍線部B「もう気安い声を出した」とあるが、友人がこのような対応をしたのはなぜか。その理由の説明として最も適当なものを、次の①〜⑤のうちから一つ選べ。解答番号は［17］。

① 同居していたことをおばに口止めされていた友人は、イチナが重ねて尋ねてくるのを好機としてありのままを告げた。そのうえで、おばの生活についてイチナと語り合う良い機会だと思ってうれしくなったから。

② おばと同居していた事実を黙っていた友人は、イチナに隠し事をしている罪悪感に耐えきれず打ち明けてしまった。そのうえで、イチナとの会話を自然に続けようと考えてくつろいだ雰囲気をつくろうとしたから。

③ 同居するなかでおばと親密になった友人は、二人の仲を気にし始めたイチナに衝撃を与えないようにおばとの関係を明かした。そのうえで、現在は付き合いがないことを示してイチナを安心させようとしたから。

④ おばとの同居を伏せていた友人は、おばを煩わしく感じているとイチナに思われることを避けようとして事実を告げた。そのうえで、話さずにいた後ろめたさから解放されてイチナと気楽に会話できると考えたから。

⑤ おばと同居していたことをイチナには隠そうとしていた友人は、おばがイチナにうっかり話してしまうことを懸念して自分から打ち明けた。そのうえで、友人関係が破綻しないようにイチナをなだめようとしたから。

選択肢①の末尾に注目すると、「～うれしくなったから。」となっています。つまり、何が起きたかはともかく、嬉しい気持ちになったから「気安い声」を出した、ということですね。同様に、選択肢④の末尾は「～後ろめたさから解放されてイチナと気楽に会話できると考えたから。」です。「後ろめたさから解放されて」という表現から、ポジティブな気持ちで自発的に「気安い声」を出したのだとわかります。

一方で、選択肢②の「～くつろいだ雰囲気をつくろうとしたから。」、選択肢③の「～イチナを安心させようとしたから。」、選択肢⑤の「～イチナをなだめようとしたから。」はいずれも、意図的に「気安い声」を出したという非常にネガティブな書き方になっています。

さて、ここでは実際の文章は省略しますが、これを踏まえて本文を読むと、どうやら友人はあえて「気安い声」を出したのではなく、むしろ「気安い声」が出てしまったのだ、ということが読みとれます。そうすると、選択肢を①か④の二択まで絞ることができるのです（正解は④）。

このように、**選択肢を全部読まずとも、末尾の「〜な気持ち。」「〜だから。」に着目するだけで答えの候補を減らせる**ことがあります。

「行動力がある人」が「せっかち」と言われたり、「慎重な人」が「臆病」と言われたりと、同じような内容がポジティブに表現されることもあればネガティブに表現されることもあります。選択肢の内容が端的に表れる末尾の言葉選びに着目して、ポジティブなのかネガティブなのかが本文と合致しない選択肢を候補から除外する。それがネガポジテクニックなのです。

選択問題の「自分ルール」を決めよう

選択問題について、「３秒迷ったら適当に丸をつけて次に行く」「一度決めた答えからは変えない」などルールを決めておきましょう。

ここで使える！

・選択問題（特にマークシート問題を解くとき）

» テクニックのコツ

選択問題を解くとき、ついつい迷ってしまって手が止まったことはありませんか？　たしかに、よくわからない問題に出合ってしまったとき、考え込んでしまう気持ちはよくわかります。勉強の場であるならば、わからない問題を考え込むのは非常に大事ですし、それも無駄ではありません。

ただし、「テスト」となると、話は別です。テストにおける目的は「合格点を取ること」。となれば、すべての行動は、１点でも多くの点数を取れるように動いたほうが、最終的な合格率は上がりますよね。

通常、選択問題の配点はそこまで高くはありません。高くても５点程度、下手をすれば、一問解いても１点、２点が関の山でしょう。しかし、どんな点数の問題であっても、考え込む時間は等しく過ぎ去っていきます。つまり、**10分かけて考えるときに、「１点の問題にかけても」「10点の問題にかけても」同じように時間は経過してしまう**のです。

試験時間の全体は決まっていますから、全体の時間量が変わらない中で、最大の点数を獲得するためには、一問あたりにかける時間を少なくしたほうがいいはずです。ただし、すべての問題について平等に同じ時間を割り振ってしまうと、記述の難しい問題に立ち向かう時間が無くなってしまいますから、簡単な問題や答えやすい問題については、なるべく時間をかけないようにする立ち回りが要求されます。

ここまでの話を踏まえると、「一問解いてもたかだか5点やそこらであろう選択問題を」「10分も20分もかけて考える」ことにいくらの価値があるでしょうか？　それよりは、悩む時間を減らしてさっさと次の問題に行ってしまったほうが、最終的な得点率は高くなりそうですよね。

ですから、こういうときは**「迷ったら3秒以内に答えを決める」のようなルールを決めておく**のです。そうすれば、選択肢問題に心が惑わされることなく、次に進んでいくことができますよね。

同じように、見返しの際にあまり選択問題に時間をとられても仕方ありません。それよりは、もっと配点の比重の高いところを見直したい。そのためには、「選択問題は答えを見返しても元の答えから変えない」とルールを決めておいてもいいかもしれません。このように、**機械的に答えを判別する決まりを自分で設定するようにしましょう**。

基本的に得点比重が低いと考えられる選択問題について、あまり思い悩みすぎても、最終的な得点の向上にはつながりません。時にはさっさと切り捨てて、次の段階へどんどん進んでいく態度が必要になります。そのためには、「いつどんな状況なら切り捨てるのか」をルールとして決めておく必要があります。

選択問題の自分ルール

- 迷ったら、3を選ぶ
- 数学の問題で2桁の数字を入れるとき、わからなかったら「13」と入れる
- 迷ったら、番号が小さいほうを選ぶ（1番と3番で迷ったら1番を選ぶ、など）
- あとから見直して「こっちのほうが正しいんじゃないか」というものが出てきてしまったら、残りの時間が5分未満だったら元のものからは変えない。残り時間が5分以上あれば変える

問題文の勘違い防止テクニック

答えるべき選択肢が「正しいもの」なのか「誤っているもの」なのかを間違えると、せっかく解けても不正解となってしまいます。問題文の勘違いで失点してしまわないように、問題文に書き込んで確認しましょう。

ここで使える！

・選択問題全般

» テクニックのコツ

試験においてケアレスミスは命取りになります。問題文が「適当でないものを選べ。」なのに「適当なものを選べ。」と勘違いして正しい選択肢を答えてしまったら、せっかく問題が解けても不正解になってしまいます。他にも、問題文に「２つ選べ。」と書いてあるのに「１つ選べ。」だと勘違いしてしまうと「正解がひとつに絞れない……」と悩んで無駄に時間を使ってしまううえ、ようやく選んだひとつを書いたとしても問題の指示に反しているので残念ながら０点です。

問題文の勘違い・読み間違いは、油断や焦りによって誰にでも起こりうるケアレスミスです。試験本番でこのようなミスを発生させないために、日頃から問題文に書き込んで指示を見落とさないよう確認し、問いに対して正しく解答しましょう。

とはいえ、「いつもと違う指示のときだけちゃんとマークして気をつけよう！」と思っても、ケアレスミスは減りません。ですので、すべての問題文について必ずチェックする癖をつけて、試験本番までに習慣化することが大切です。問題文を読んで、**求められているのが「適当なもの」を「1つ」であれば、OKという意味で問題文にチェックをつけます。「適当でないもの」や「2つ」という指示が出てきたら、問題文のその部分を◯で囲んで強調する**。そうすることで、つい選択肢を読むのに夢中になって問題文の指示を忘れてしまっても、いざ答えを選ぶときに思い出すことができます。

問3　次の6つの選択肢から、誤っているものを2つ選びなさい。

→間違いを含むものを、2つ、選ばなければならない。

問6　In this letter, which of the following views is incorrectly ascribed?
［この文で、次の見解のうちどれが誤って述べられているでしょうか？］

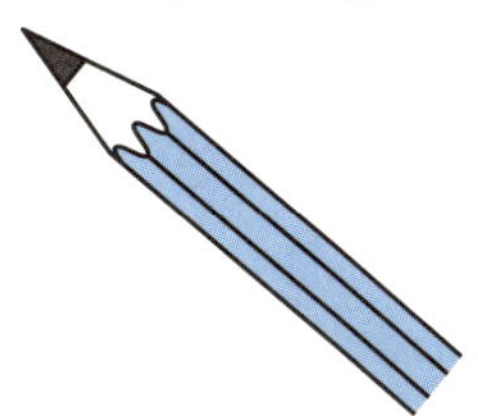

→incorrectly（**間違って**）**を見落としがち。**

「自分は見落としなんて絶対しない」という慢心が、ケアレスミスを生みます。普段どれだけ正しく問題を読めていても、試験本番で読み間違えてしまったら、何の意味もありません。**問題文のチェックに慣れてきて油断しているときこそ見落としや勘違いを起こしやすいので、頻出の「適当なもの」「1つ」であっても必ずOKのチェックをつけて、そうでない指示が出たとしても絶対に見落とすことがないような習慣を身につけましょう。**

マークをミスらないテクニック

案外軽視されながらも、多くの犠牲者を出すマークミスの防ぎ方。

・マークシート試験全般

» テクニックのコツ

共通テスト最大の敵と言っても過言ではないのが「マークミス」です。

毎年、模試はおろか本番の試験でもマークミスをして泣きを見る受験生が後を絶ちません。「わかっていたのに誤答になってしまった」なんていう最悪の状況を引き起こさないようにするために、ここでは考えうるあらゆるマークミスとその対処法についてご紹介します。

①マークずれ

一番多いのがコレでしょう。いつの間にかマークする場所が一個ずつずれていて、終了時間直前に気づいたものの時すでに遅し……という話は、受験を志す方であれば一度は聞いたことのある話でしょう。詳しく見ていくと、これにはいくつかの原因があるものと思われます。

ｉ．一気にマークしている

マークを一気に塗ったほうが、たしかにマークをひとつずつ塗りつぶすより効率的に解答できます。しかし、これが思わぬ落とし穴なのです。

13	●	②	③	④	⑤	⑥
14	①	●	③	④	⑤	⑥
15	●	②	③	④	⑤	●
16	①	②	③	●	⑤	⑥
17	①	●	③	④	⑤	⑥

たとえば、「問17まで一気にマークした」場合を考えます。すると上の図のように、問15と同じ行に問16の答えをマークしてしまう、というようなミスが発生してしまいがちなのです。これは、一気に塗りつぶしを進めていたせいで、マークシートを塗りつぶす作業が「ただ何も考えずに丸を長々と塗りつぶす単純作業」になってしまい、結果だんだんと塗りつぶしを繰り返すうちにマークする行を気にしなくなってミスが発生してしまうのです。

言えることはただひとつ、「**一問終わるごとに必ずマークする！**」ですね。

ⅱ．隣り合う問題の答えの記号が離れている

これも先ほどの図の問15と16にあたります。たとえば、問15の答えは①、問16の答えは⑥を塗りつぶすときのように、マークするところが離れていると、試験本番という緊張した状況においては特に同じ行にマークがダブりがちです。

このミスは一個ずつ丁寧にマークを進めていたとしても起きてしまうミスですので、マークをするときはしっかりと「**マークする行と問題番号を照らし合わせる**」ことが大事です。マークずれはマークの塗りつぶしを機械的にしてしまうことで起こってしまうミスですので、模試のときから常に正しい場所にマークする意識を持って挑むようにしましょう。

②導いた答えの記号とは別の記号にマークしてしまう

「答えは③だとわかっていたのに、②にマークしてしまった！」というタイプのミスです。そんなことあるのか、と思った方も多いと思いますが、実はこれも隠れた共通テストあるあるです。私も受験生のときに何度もこのミスをしましたし、周囲にも同じミスをしている人がそれなりにいました。

これは本番で発生してしまうとなかなか気づきにくいミスでもあります。なぜなら、大抵の科目で時間に追われる共通テストでは、「わからなかった問題」か「答えを出すのに手間取った問題」しか見直すことがない、というパターンがどうしても多くなるからです。このミスを、手間取った問題でしていたのならまだ気づく余地がありますが、「簡単簡単！」とか思いながら解いた問題でこのミスを犯してしまうともう気づくことはありません。なかなか厄介なマークミスなのです。

このミスを防ぐためには「**折り返しチェック**」が有効です。

STEP1

問題用紙にどの記号を選んだか印をつける

STEP2

マークして、その記号を覚えておく

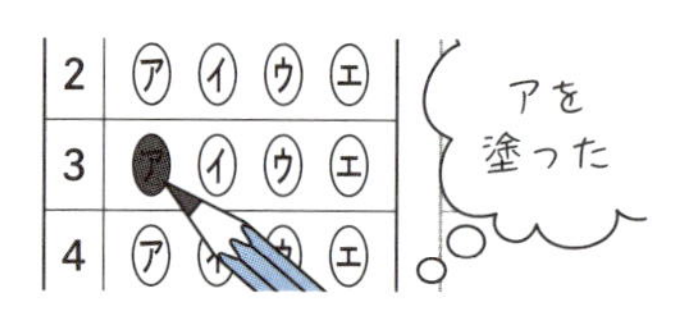

STEP3

再度問題用紙を見て、マークした記号と問題用紙上の印のついた記号が一致しているかどうかを確かめる

見直しの際にすべての問題を見返すことができる状況であればこのテクニックは不要な気もしますが、そのような状況は共通テストではあまり発生しないので、問題を解いたときに折り返してチェックする癖をつけておきましょう。

③選択問題でマークする欄・解答用紙を間違える

数学・理科・社会科目で頻発するマークミスです。これら三科目では解答用紙が下の図のように大問ごとに分かれている場合がほとんどです。

1	解			答					欄			
	−	±	0	1	2	3	4	5	6	7	8	9
ア	⊖	±	⓪	①	②	③	④	⑤	⑥	⑦	⑧	⑨
イ	⊖	±	⓪	①	②	③	④	⑤	⑥	⑦	⑧	⑨
ウ	⊖	±	⓪	①	②	③	④	⑤	⑥	⑦	⑧	⑨
エ	⊖	±	⓪	①	②	③	④	⑤	⑥	⑦	⑧	⑨
オ	⊖	±	⓪	①	②	③	④	⑤	⑥	⑦	⑧	⑨
カ	⊖	±	⓪	①	②	③	④	⑤	⑥	⑦	⑧	⑨
キ	⊖	±	⓪	①	②	③	④	⑤	⑥	⑦	⑧	⑨
ク	⊖	±	⓪	①	②	③	④	⑤	⑥	⑦	⑧	⑨
ケ	⊖	±	⓪	①	②	③	④	⑤	⑥	⑦	⑧	⑨
コ	⊖	±	⓪	①	②	③	④	⑤	⑥	⑦	⑧	⑨
サ	⊖	±	⓪	①	②	③	④	⑤	⑥	⑦	⑧	⑨
シ	⊖	±	⓪	①	②	③	④	⑤	⑥	⑦	⑧	⑨

2	解			答					欄			
	−	±	0	1	2	3	4	5	6	7	8	9
ア	⊖	±	⓪	①	②	③	④	⑤	⑥	⑦	⑧	⑨
イ	⊖	±	⓪	①	②	③	④	⑤	⑥	⑦	⑧	⑨
ウ	⊖	±	⓪	①	②	③	④	⑤	⑥	⑦	⑧	⑨
エ	⊖	±	⓪	①	②	③	④	⑤	⑥	⑦	⑧	⑨
オ	⊖	±	⓪	①	②	③	④	⑤	⑥	⑦	⑧	⑨
カ	⊖	±	⓪	①	②	③	④	⑤	⑥	⑦	⑧	⑨
キ	⊖	±	⓪	①	②	③	④	⑤	⑥	⑦	⑧	⑨
ク	⊖	±	⓪	①	②	③	④	⑤	⑥	⑦	⑧	⑨
ケ	⊖	±	⓪	①	②	③	④	⑤	⑥	⑦	⑧	⑨
コ	⊖	±	⓪	①	②	③	④	⑤	⑥	⑦	⑧	⑨
サ	⊖	±	⓪	①	②	③	④	⑤	⑥	⑦	⑧	⑨
シ	⊖	±	⓪	①	②	③	④	⑤	⑥	⑦	⑧	⑨

このようなタイプの解答用紙を用いる科目においては、「第２問の解答を第１問の続きにマークしてしまった！」「第４問の解答を間違えて第３問の解答用紙にマークしてしまった！」というミスが頻発します。

実際、私も共通テスト本番に数IIBの試験で、選択問題は第４問を選んだにもかかわらず、その解答をまるまる第３問の解答欄にマークしてしまい、終了直前になって慌てて消して第４問の解答欄に書き写した経験があります。

大問ごとに解答する欄が変わる場合は、大問の最初の問題の解答をマークする前に、指差し確認など多少大袈裟で構いませんので、しっかり「間違えないぞ」という意識を持って確認する癖をつけましょう。

④そもそも解く問題を間違える

マークミスの部類に入るかどうかはわかりませんが、毎年犠牲者が発生しているため紹介しておきます。

このミスは、「数IA」受験者にたまに起こります。すなわち、「数IAを解かなければいけないのに数Iを解いてしまった」といったミスです。これは問題用紙の構成上、起こってしまうミスになります。

「数IA」の問題用紙は、「I→IA」の順に掲載されているため（旧課程では「数IIB」においても数II単体の問題が最初にありました）、問題用紙の1ページ目を開くと現れるのは数Iの問題になっているのです。こちらも気づきそうなものですが、受験本番という緊張状態においては案外気づかないものです。気づかないまま解き進めていき、「あれ、数IAの範囲の問題が無いぞ……」となってようやく気づくのです。もちろん、時既に遅しというやつです。

このようなミスが本番に発生してしまう要因としてもうひとつ、「過去問演習のときに本番さながらの冊子で演習する人は少ない」というものがあります。数I単体を使わない人が、わざわざ数Iの問題も買うor印刷するなどして冊子にして演習することはあまりしないでしょう。つまり、模試か本番でしかこのミスに出合うことはないのです。①〜③で述べてきたようなミスは自分で演習するときにいくらでも訓練できますが、このミスに関してはそうはいかない場合が多いのです。

今はまだ実感のわかない方が多いと思いますが、**数IA受験者の方は「数Iは解かない！」という文言を心にしっかり留めておいて下さい**。

マークミスと一口に言っても、性質上さまざまなマークミスが存在することがおわかりいただけたと思います。これを機にぜひとも、マークミスをただのケアレスミスとは考えずに、訓練して本番ではミスしないようにするという意識を持っていただけると幸いです。

テストで緊張しないためには？

多くの受験生にとって一番の敵になるのが、**「緊張」**です。

緊張すると、試験本番でガチガチになってしまって、普段では考えられないような大きなミスをしてしまう危険性があります。「いつもは8割取れる科目なのに、緊張のせいで本番では6割しか取れなかった」というような受験生は毎年いるものです。

今回は、緊張とどのように向き合えばいいのか、東大生の実際の事例も紹介しながらお話ししたいと思います。

まず東大生に話を聞くと、緊張に対しては「イメージトレーニング」で対応していたという人が多かったです。

- **1週間前から試験会場に足を運んで、実際に自分が試験本番でどう過ごすのかのイメージを付けていた。（東大文学部4年）**
- **試験直前に、試験のスケジュールと同じ形式で直前パック（注：各予備校が出している、共通テストの予想問題をまとめたもの）を解いて過ごしていた。（東大工学部3年）**

イメージトレーニングは、試験本番で実際にどのように立ち振る舞うのかを鮮明にイメージすることで、試験本番での緊張を緩和するというものです。スポーツ選手がよくやっているものですが、東大受験生もこれを実行している場合が多いのです。このイメージができている人とできていない人とでは、やはり緊張の度合いが大きく異なります。

そもそもなぜ緊張するのかと言えば、**「想定外の物事が起きたら対処できないため」**です。「試験で問題がものすごく難しかったらどうしよう」「試験会場に辿り着けなかったらどうしよう」「マークミスしたらどうしよう」などの不安がごちゃごちゃになった結果、「緊張」という現象が生まれているわけです。

であれば、**想定外の出来事を減らしていくことで、緊張を軽減できるようになります**。だからこそ、イメージトレーニングが有効なのです。細かい部分から試験本番の想定をしておき、それによって自分の中の想定外を減らすことができるようになるわけですね。

たとえば、「試験の日の朝は、何時に起きる？」と決めている受験生は少ないのではないでしょうか？　大体これくらいの時間だとはわかっているけど、明確には決めていない、という人がほとんどかもしれません。

同じように、「何時の電車に乗っていく？」「本番の試験会場に行くまでのルートはどういうもの？」「試験会場までのルートで、コンビニには寄る？　寄らない？」「試験の日の休み時間には、どんな参考書を読む？」「試験会場に着いたら机にはどんなものを置く？」「試験問題が配られたあと、どんな順番で問題を解く？」「難しい問題があったら飛ばす？　それともその問題を解き続ける？」というような質問にすべて回答を用意している人はほとんどいないことでしょう。

これらのことについて、しっかりとイメージをしておくことで、試験の緊張は防げるようになるはずです。

2章

全部を読まなくてOK！
「読解問題」のテクニック

主語述語読み

長文を読んでいく中で文意が把握できなくなってしまったときの対処法。主語と述語だけに絞って読むことで、何を言いたいのか把握することができます。

ここで使える！

・大学入試の問題（特に昨今、問題文の分量が増えている共通テスト）

» テクニックのコツ

長い文章を読み続けていると、「結局この文章は何が言いたいのだろう？」となってしまうことはありませんか？　大学入試において、文章とは読むだけのものではなく、そこから意味を把握して問題を解くための情報を集めなくてはいけません。ですから、個別の文が読めることは当然として、文と文のつながりや、文章全体としての意味を把握することが必要になってくるわけです。

そのためには、各個別の文について正確な意味の把握が必須です。でも、長文になればなるほどに、文意の把握は難しくなっていきます。もちろん、文と文のつながりによる微妙なニュアンスなどが理解に影響を与えている可能性も否めませんが、**多くの場合、文の意味がとれないのは「主語や述語の関係がとれていないから」だと思われます**。**結局、「なにが」「どうなのか」を捉えられていないから、わからないのです**。

たとえば、次の文章を見てみましょう。

2021年 共通テスト 国語 第1問

しかし、妖怪が明らかにフィクションの世界に属する存在としてとらえられ、そのことによってかえっておびただしい数の妖怪画や妖怪を題材とした文芸作品、大衆芸能が創作されていくのは、近世も中期に入ってからのことなのである。

（出典：『江戸の妖怪革命』香川雅信著、角川ソフィア文庫）

ずいぶん長い文章ですが、これが言っている内容を一読で把握できましたか？　つまり「妖怪がテーマになった作品が大量生産されるようになったのは近世（江戸時代）中期以降ですよ」といっているのですが、これを捉えられなかったのであれば、もしかしたら主語と述語の位置や関係性などを捉えられていないのかもしれません。

この文について主語と述語だけ読んでみると、「文芸作品、大衆芸能が創作されていくのは～近世（略）なのである」となります。「妖怪が～とらえられ」も主語と述語の関係性に見えますが、これは受け身の文章なので、平叙文（物事をありのまま述べる文）に直すと「（私たちが）妖怪をフィクションの世界に属する存在としてとらえた」となりますね。

細かい文法事項を言っているようですが、実は重要なこと。このように、**とりあえず「主語と述語だけを読んでみる」とだけ覚えてみてください**。では、次の文章ではどうでしょうか？

2021年 共通テスト 国語追試 第1問

この筋肉の緊張が苦痛をもたらすことは、私たちが椅子の上で決して長時間、一定の姿勢をとりつづけられず、たえず動いている方がずっと楽だという経験的事実からも明らかである。

（出典：『「もの」の詩学』多木浩二著、岩波書店）

この文章の「主語と述語だけを読んでみる」と、「筋肉の緊張が苦痛をもたらすことは、～明らかである」となります。「私たちが～という経験的事実」の部分は、「筋肉の緊張が苦痛をもたらす」ことを補強するために修飾しているだけなので、なくても問題ありません。

文章を読んでいる途中で意味がとれなくなってしまったら、文の主語と述語だけを抜き出して読んでみることが理解への第一歩となります。もしも文章の迷路に迷い込んでしまったら、ぜひ試してみてください！

問題を先に読もう

本文を読み始める前に、問題すべてに目を通しておきます。どのようなことが問われるかを把握してから、改めて本文を読み進めましょう。

ここで使える！

・大学入試の国語、英語の長文読解問題

» テクニックのコツ

国語や英語の問題で「時間がなくなってしまった」なんて経験はありませんか？　同じ制限時間でも、解ききれる人と、解ききれない人がいる。解くスピードが違うのでしょうが、では解くのが早い人は、どのように問題に取り組んでいるのでしょうか。

早く解く方法はいろいろありますが、「解くのが遅い人に共通する特性」はあります。**それは、「何度も問題文と課題文を行き来してしまう」こと**。つまり、迷う時間が増えれば増えるほどに、一問あたりにかかる時間が延びてしまい、解ききれなくなるのです。

早く解き進めるためには、迷う時間を減らす必要があります。**この対策としては、「問題文と課題文の往復を減らす」などが挙げられます**。**つまり、問題文を読んだら、課題文に戻らず、すぐに解答を作り始められるようにする**のです。

そのためには、課題文を漫然と読んではいけません。問題文で尋ねられたときに、「あぁ、あそこで言ってたことね」とすぐに脳内を検索できるように、前もって必要そうな情報に見当をつけておくべきでしょう。ですが、国語や英語が苦手な人たちは、「あらかじめ答えになりそうな重要箇所に目星をつけておく」ことが下手なケースが多いです。

ですから、逆に「**先に問題をみておく**」のです。そうすれば、「この文章ではこういうことが聞かれるのだな」と念頭に置いたうえで、文章を読み進められますよね。

また、問題の先読みをすれば、先んじて課題文のテーマを把握することができるケースもあります。どのような内容が書いてあるかを把握しておけば、何も知らない場合よりも理解しやすくなりますよね。

注意すべきポイントは、「傍線箇所の内容」と「出題要求」です。どんな内容について、なにをしてほしいのか。「どういうことか」説明を求められているのか、「なぜか」理由を説明する必要があるのか、これを知るだけでも、大分心構えができるようになります。

2021年 共通テスト 国語追試 第1問 問3

傍線部B「実際に椅子に掛けるのは『裸の身体』ではなく『着物をまとった身体』なのである」とあるが、それはどういうことか。(以下略)

注意すべき傍線箇所と、設問の要求「それはどういうことか」がわかります。また、テーマとして身体論が取り上げられていそうなことがわかります。

2017年 センター試験 英語 第6問 問4

According to paragraph (6), what is difficult about maintaining friendships? [50]

① Finding new and interesting friends
② Knowing when to change relationships
③ Seeing if friends have problems
④ Staying close during bad times

設問には「友情を保つうえで何が大変だと第6段落には書いてありますか？」と書いています。ここから、「第6段落には友情を保つうえで困難なポイントが書いてあるんだな」ということが理解できるわけです。

国語や英語で時間がなくなってしまうのであれば、先に問題を読んで聞かれる内容を把握してしまう戦術が有効です。ぜひ試してみてください。

「キーワード」を見つけよう

問題文の最初と最後を読み、キーワードが何かを理解することで、読解に活かしていくことができます。

ここで使える！

・共通テストや私立大学の国語の問題

» テクニックのコツ

このテクニックは２段階あります。第１段階は、「問題文の最初のほうを読んだら、すぐに最後を読む」ことです。**最初の２段落ぐらいを読んだあとに、続きを読むことなく、先に最後の段落に飛んで、文章を読んでみる**のです。

「え!?　そんな読み方したって、何言ってるのかわからなくなるだけじゃないの？」と思う人もいるかもしれませんが、そんなことはありません。大抵の文章は、序論→本論→結論……という順番で話が進んでいきます。最初と最後に言いたいことを言い、あとは全部補足。実は多くの文章はそういう構成をしています。だから、**文章の最初を読んだあとに、読み進めることなく一度最後の段落を読んでしまうことで、その共通点から筆者が何を言いたいのかが理解できるようになる**のです。

ですから、まず国語の問題を解くときに、最初のほうの第１～３段落を見て、次に最後の段落を見て、内容の方向性を理解します。

そして第２段階として、『同じような言葉は使われていないか？』と確認

してみます。その言葉は必ず、文章全体における重要なキーワードになっているはずで、そのキーワードに気をつけて読むだけで、読むスピードが上がるのです。

たとえば、2016年センター試験国語の第1問では、最初の2段落に「リカちゃん人形が、どんどん他のキャラクターを演じだした」ということが書かれていますね。

2016年 センター試験 国語 第1問

1 着せ替え人形のリカちゃんは、一九六七年の初代から現在の四代目に至るまで、世代を超えて人気のある国民的キャラクターです。その累計出荷数は五千万体を超えるそうですから、まさに世代を越えた国民的アイドルといえるでしょう。しかし、時代の推移とともに、そこには変化も見受けられるようです。かつてのリカちゃんは、子どもたちにとって憧れの生活スタイルを演じてくれるイメージ・キャラクターでした。彼女の父親や母親の職業、兄弟姉妹の有無など、その家庭環境についても発売元のタカラトミーが情報を提供し、設定されたその物語の枠組（わくぐみ）のなかで、子どもたちは「ごっこ遊び」を楽しんだものでした。

2 しかし、平成に入ってからのリカちゃんは、その物語の枠組から徐々に解放され、現在はミニーマウスやポストペットなどの別キャラクターを演じるようにもなっています。自身がキャラクターであるはずのリカちゃんが、まったく別のキャラクターになりきるのです。これは、評論家の伊藤剛さんによる整理にしたがうなら、特定の物語を背後に背負ったキャラクターから、その略語としての意味から脱却して、どんな物語にも転用可能なプロトタイプを示す言葉となったキャラへと、A リカちゃんの捉えられ方が変容していることを示しています。

そして最後の段落（15）を見ると、なんだか難しいことが語られていますが、最初の段落の「キャラクター」と最後の段落の「キャラ」という言葉を見るに、なんとなく「キャラ」や「キャラ化」が重要なキーワードらしいとわかると思います。

15キャラは、人間関係を構成するジグソーパズルのピースのようなものです。一つ一つの輪郭は単純明快ですが、同時にそれぞれが異なってもいるため、他のピースとは取り替えができません。また、それらのピースの一つでも欠けると、予定調和の関係は成立しません。その意味では、自分をキャラ化して呈示することは、他者に対して誠実な態度といえなくもないでしょう。D価値観が多元化した相対性の時代には、誠実さの基準も変わっていかざるをえないのです。

（出典：『キャラ化する／される子どもたち』土井隆義著、岩波ブックレット）

つまり、長文の最初と最後を読むだけで「この『キャラ』という言葉は、最初と最後、両方の段落に出ている。もしかしたら、重要な言葉なのかも？」と見抜くことができるのです。

また、第２段落のはじめには『平成に入ってから』と書かれていますが、最後の段落を見ると、傍線部のところに『相対性の時代には』と書かれています。この２つを見比べれば、『平成』という言葉と『相対性の時代』とが同じことを指しているとわかるはずです。

『キャラ』と『時代（平成)』。この２つを発見したうえで両方の段落をもう一度確認すると、両方とも「時代が変わってきて、キャラを演じることが肯定されている」ということが書かれているのがわかると思います。最初で話していることと、最後で話していることが、たしかに同じだということがわかりますね？　ここまでわかれば、文章が読みやすくなります。

そのうえで、この問２を見てください。もうみなさんは、どれが答えだかわかると思います。

問２　傍線部Ａ「リカちゃんの捉えられ方が変容している」とあるが、それはどういうことか。その説明として最も適当なものを、次の①〜⑤のうちから一つ選べ。解答番号は［　６　］。

① かつては、憧れの生活スタイルを具現するキャラクターであったリカちゃんが、設定された枠組から解放され、その場その場の物語に応じた役割を担うものへと変わっているということ。

② 発売当初は、特定の物語をもっていたリカちゃんが、多くの子どもたちの「ごっこ遊び」に使われることで、世代ごとに異なる物語空間を作るものへと変わっているということ。

③ 一九六七年以来、多くの子どもたちに親しまれたリカちゃんが、平成になってからは人気のある遊び道具としての意味を逸脱して、国民的アイドルといえるものへと変わっているということ。

④ 以前は、子どもたちが憧れる典型的な物語の主人公であったリカちゃんが、それまでの枠組に縛られず、より身近な生活スタイルを感じさせるものへと変わっているということ。

⑤ もともとは、着せ替え人形として開発されたリカちゃんが、人びとに親しまれるにつれて、自由な想像力を育むイメージ・キャラクターとして評価されるものへと変わっているということ。

正解は、①です。「設定された枠組から解放されて、その場に応じた役割を担うようになった」というのは、先ほどの「時代が変わってきて、キャラを演じることが肯定されている」というのと同じ内容ですね。最初の２段落だけを読んでいたら、「あれ？　②も怪しいぞ？」「④もそれっぽいな」と考えてしまうかもしれませんが、その他の選択肢には、最後の段落で書かれているようなことは書かれていません。

長文全体を読まず、何なら傍線部分の前後を読まなくても、最初と最後を確認するだけで実は簡単に問題が解けてしまうのです。

共通テストの国語で出題される問題のほとんどは、この「最初と最後のキーワード読み」を適用することができます。ぜひキーワードを理解するテクニックを使ってみてください！

「問題文のヒント」を探そう

問題文をしっかりと読んで、そのヒントを活かすテクニック。

ここで使える！

・国語、英語の読解問題全般（それ以外の科目でもOK）

» テクニックのコツ

読解問題には、問題文がヒントになるものが多いです。特に、大学入試がセンター試験から共通テストに変わってから、ページ数が増え、文字量が増え、解くのに時間がかかるようになりました。これを受けて、「時間が足りない！」「前より難しくなった！」という人が多くなっているわけなのですが、実際は難しくなったというより「ヒントが多くなったので、解き方がわからず難しくなった」というほうが正しいです。

たとえば、こちらをご覧ください。

2021年 共通テスト 英語（リーディング）第6問A

A You are working on a class project about safety in sports and found the following article. You are reading it and making a poster to present your findings to your classmates.

これは共通テストの中のひとつの大問の最初に書かれていた文言です。「次の文は、クラスでスポーツの安全性について議論したときのものです」といった説明になっているため、ここを読めば「なるほど、次の文はスポーツと安全についての文なんだな」ということがわかります。

センター試験ではあまりこういうヒントはなかったのですが、共通テストではこの文のように、最初にこの文章は一体なんなのかを教えてくれる場合があるのです。実は、ここを読めば答えは丸わかりになります。

Solutions

National Hockey League (NHL)
- Requires helmets with visors
- Gives severe penalties to dangerous players
- Has introduced concussion spotters to [41]

問3 Choose the best option for [41] on your poster.

① allow players to return to the game
② examine players who have a concussion
③ fine players who cause concussions
④ identify players showing signs of a concussion

これは先ほどと同じ文章の問題です。みなさんは、こちらを見てどう思いますか？「スポーツの安全性について書いてあるんだな」というシチュエーションさえわかれば、実は選択肢を読んで答えを出すこともできます。

今回は文章を省いていますが、問３の問題と、選択肢を見てみましょう。これだけで答えがわかります。Solutions＝解決策、と書かれたページにある空欄41に当てはまるものは何か？　という問題ですが、大体答えはわかります。①（怪我した選手を）ゲームに戻す、はおかしいですよね。スポーツの安全性に対する問題の解決策にはなっていません。③は怪我した選手に罰金を課すですが、そんな馬鹿な話はないですね。そうなると、②の「怪我を調べる」とか、④の「兆候を調べる」のほうが正しいと理解することができます。この時点でもう、②か④の実質的な２択に絞り込めました（正解は④）。

このように、問題文のさまざまなヒントから類推することで、ラクに問題を解くための読解ができるようになる、というわけなのです。

次に、こちらの問題では、文章の最初にどのような内容なのかが書いてあります。ここを読んでおかないと文章が読めない場合があります。

2023年 共通テスト 国語 第3問

次の文章は源俊頼（としより）が著した『俊頼髄脳（としよりずいのう）』の一節で、殿上人たちが、皇后寛子のために、寛子の父・藤原頼通の邸内で船遊びをしようとするところから始まる。これを読んで、後の問い（問1～4）に答えよ。なお、設問の都合で本文の段落に1～5の番号を付してある。

また、問いの中にも文章の内容が示されている場合があります。

2023年 共通テスト 国語 第1問 問6

次に示すのは、授業で【文章Ⅰ】【文章Ⅱ】を読んだ後の、話し合いの様子である。これを読んで、後の（ⅰ）～（ⅲ）の問いに答えよ。

生徒A――【文章Ⅰ】と【文章Ⅱ】は、両方ともル・コルビュジエの建築における窓について論じられていたね。

生徒B――【文章Ⅰ】にも【文章Ⅱ】にも同じル・コルビュジエからの引用文があったけれど、少し違っていたよ。

生徒C――よく読み比べると、［ X ］。

生徒B――そうか、同じ文献でもどのように引用するかによって随分印象が変わるんだね。

生徒C――【文章Ⅰ】は正岡子規の部屋にあったガラス障子をふまえて、ル・コルビュジエの話題に移っていた。

生徒B――なぜわざわざ子規のことを取り上げたのかな。

生徒A――それは、［ Y ］のだと思う。

生徒B――なるほど。でも、子規の話題は【文章Ⅱ】の内容ともつながるような気がしたんだけど。

生徒C――そうだね。【文章Ⅱ】と関連づけて【文章Ⅰ】を読むと、［ Z ］と解釈できるね。

生徒A――こうして二つの文章を読み比べながら話し合ってみると、いろいろ気づくことがあるね。

ここでは生徒Aのところで「文章Ⅰと文章Ⅱはこういうことが論じられているね」と書いてありますね。ここを読んでおけば、文章の内容を把握することができます。

そのまま文章を読むのではなく、問題文の中からヒントを探す習慣をつけましょう。そのほうがいい点数が取れるはずです！

「最後の問題」を見よう

現代文、古文、漢文や英語リーディングの長文の最後の問題は、その文章の要約や内容をわかりやすく説明した文章になっているので、問題の文章を読む前に最後にある問題を読むことで、文章を読む時間を短縮できるようになります。

ここで使える！

・共通テストの国語、英語の読解問題

» テクニックのコツ

共通テストで国語や英語の長い文章の問題を解く際に、必ず意識してほしいことは「文章をゆっくり全部読めることはない」と思うことです。近年の共通テストは、ひとつの大問あたりにかけられる時間が非常に短いうえに、文章の内容が簡単に理解できるものではなくなっています。

そこで使えるテクニックとして、「**最後の問題文を読んでから解く**」というものがあります。

共通テストにおいて、現代文、古文、漢文、そして英語長文の最後あたりの問題（会話形式や資料など）は、本文の要約問題となっています。そこを先に読むことで、話の流れやオチなどがわかるため、本文をすらすらと読むことができてしまうのです。

次の問題は2023年の共通テスト、国語の第３問の一部です。

2023年 共通テスト 国語 第3問 問3

1～3段落についての説明として最も適当なものを、次の①～⑤のうちから一つ選べ。解答番号は 25 。

① 宮司たちは、船の飾り付けに悩み、当日になってようやくもみじの葉で飾った船を準備し始めた。

② 宇治の僧正は、船遊びの時間が迫ってきたので、祈禱を中止し、供の法師たちを庭に呼び集めた。

③ 良暹は、身分が低いため船に乗ることを辞退したが、句を求められたことには喜びを感じていた。

④ 殿上人たちは、管絃や和歌の催しだけでは後で批判されるだろうと考え、連歌も行うことにした。

⑤ 良暹のそばにいた若い僧は、殿上人たちが声をかけてきた際、かしこまる良暹に代わって答えた。

共通テストにおいてこのような問題は必ず「**選択肢の番号順に物語が進む**」のです。したがって、間違った選択肢が4つは含まれているのですが、明らかに間違った文章というのは基本的に出題されないので、①～⑤の文章を順に読むことで1～3段落のある程度の話は推測できるようになっています。

この問題においては文章に「船」という単語、「句、和歌、連歌」という単語が出現していることから、船が関係したり、誰かが和歌を読む状況にあるということは容易に想像できます。さらには、「殿上人（てんじょうびと）」という単語や「身分」という単語が出現しているため、貴族と平民が出てくることなどが予想され、敬語などに注意を払えばいいということがわかります。

このように、本文を読まずともこの問題文でいろいろな予想をすることができます。本文を読んでからこの問題を読んでもう一回本文に戻る、という作業を行うことに比べるとかなりの時間短縮になるでしょう。

共通テストは時間が勝負になります。いかに早く解くかを考えたときに、愚直に本文を読んで問題に取り掛かるのは効率が悪いと気づくでしょう。このテクニックを使って、共通テストの国語や英語の成績をグンと伸ばしていきましょう！

「よくある話」を探そう

「こんなことって、よくありますよね？　みなさんも経験ありますよね？」からスタートする文はとても多いので、これを探すと文章がスムーズに読めるようになります。

ここで使える！

・主に英語の文章、国語の文章でも割と多い

» テクニックのコツ

相手に主張を伝えるために作られた文を読み、その主張を理解する問題は頻出ですね。この主張を伝える文章には型がある場合が多いです。

英語の文章でかなり多く、日本語の文章でも割と多い文章の型として、「よくある話の否定」があります。

たとえば、みなさんはテレビでショッピング番組を見たことはありますか？　あれの冒頭では大抵、「みなさん、こういうのでお困りですよね」と言ってスタートする場合が多いですよね。

「お子さんが全然勉強しないってお困りの人、多いですよね」とか、「掃除機の音がうるさくて困るって人、多いですよね」とか。そして、そのあとで、「でもこの本を読めば大丈夫！」とか「でも、この掃除機さえあれば大丈夫！」みたいな流れになっていきます。「みなさん、○○ですよね」は、全部「前振り」なんです。そのあとに続く文章のちょっとした前振りになっていることが多いんです。

文章で、なぜ「私たちはいつもこうしがちだ」「こういう勘違いをしている人が多いだろう」という文章が出てくるのかというと、そのあとで「でもそれって間違っているんですよ！」とか「それって実はこうだからなんです！」と説明を加えるためだと言えます。ですので最初の段落では、「よくある話」が多いのです。

英語では、「**people**」を主語にして「こういう人が多い」という文章や、「**always（いつも）**」「**tend to（こういう傾向がある）**」という言葉が使われていることが多く、そこが否定されるのです。他にも、「**usually/most of/we**」はチェックしておきましょう。

この、「よくある話」を理解していれば、「これがテーマなんだろうな」「この問題を解決するための何かが提案されるんだろうな」ということを理解することができます。

A lot of people always think that sugar is toxic to the body.
(多くの人は砂糖は身体に悪いと思っている)

これが最初の段落にあったら、この話の否定なので、砂糖は身体に悪いとは言えない、という文章が来そうだと考えることができます。

We think diamonds are expensive.
(我々は、ダイヤモンドは高いものだと考えている)

これが最初の段落にあったら、「ダイヤモンドはこれから安くなるかも？」とか「ダイヤモンドは本来は高くないものだ」とか、そういう文章がくるのではないか？　と考えることができます。

文章は、先読みができると読むスピードが速くなります。先読みのためには、「この話は否定されそう」「この話が続きそう」という目安をつけることが大事です。「よくある話」はその意味でとても重要な着眼点なのです。

「抽象」と「具体」のサンドイッチを見つけよう

文章は抽象部分と具体部分との繰り返し。
「抽象→具体→抽象」のサンドイッチの中で、どこかひとつの部分を理解できればいいと考えましょう。

・大学入試の国語、英語の長文読解問題

» テクニックのコツ

大学入試の国語・英語で長文を読むときには、「**サンドイッチ**」を意識してください。**一般的に文章は「抽象部分」「具体部分」「抽象部分」のサンドイッチが繰り返されるようになっています**。

たとえば、次の文を見てください。

日本の教育制度は、江戸時代から現代に至るまで大きく進化してきました。江戸時代の寺子屋教育は、基礎的な読み書き計算を教えるものであり、庶民教育の基礎を築きました。明治時代には、近代的な学校制度が確立され、西洋の教育制度を取り入れつつ、国民教育が推進されました。戦後は、民主主義教育の一環として、教育基本法が制定され、個人の尊厳と平等を重視した教育が展開されました。このような歴史的背景の中で、日本の教育制度は多様化し、進化を続けています。

この文章は、３つのパートに分けられます。第一のパートは「日本の教育制度は、江戸時代から現代に至るまで大きく進化してきました」の一文です。これは抽象的に日本の教育制度が変遷してきたことを示す文章で、具体的にどのように変わったかは示されていないものの、これから語られる内容のヘッドラインを提示してくれています。

次のパートは「江戸時代の寺子屋教育は」から「戦後は、民主主義教育の一環として、教育基本法が制定され、個人の尊厳と平等を重視した教育が展開されました」までです。この部分では、具体的にどのように教育が変わってきたかについて記述しています。具体的な記述が増えてイメージしやすくなった代わりに、抽象度が下がったため、全般的な記述は減っています。

最後のパートは「このような歴史的背景の中で、日本の教育制度は多様化し、進化を続けています」の部分です。これは、そこまでの記述を受けて、全体を総括する部分であるため、抽象的に全部分を受けるような言い方になっています。

そして、抽象と具体のサンドイッチの間で、文意が大きく変わることは少ないのです。同じことを手を変え品を変え、さまざまな切り口、角度から読者に伝える術が、このサンドイッチです。すなわち、この３つのパートのうち、どれかひとつだけでも読み取れれば、文章の意味をキャッチすることができます。

ですから、**読解問題で傍線が引かれたのであれば、その部分が所属しているサンドイッチの、他の部分を読んでみればいい**のです。**そうすれば、傍線が引かれるほど難解な文だとしても、別の文から意味を把握して、読み解くことが可能**になります。

では、次の文章ではどうでしょうか。

日本法は、近代化の過程で西洋の法律体系を取り入れながらも、日本独自の文化や社会構造に適応したものとなっています。たとえば、明治時代の法典編纂では、フランス法やドイツ法の影響を受けつつも、日本の伝統的な家族制度を考慮に入れた規定が多く含まれています。戦後はアメリカの影響を強く受け、民主主義的な制度が導入されましたが、依然として日本独自の法文化が根付いています。このように、日本法は外国の影響を受けながらも独自の発展を遂げています。

上記は次のような構成になっています。

「日本法は〜適応したものとなっています。」……第一抽象部分
「たとえば〜根付いています。」……具体部分
「このように〜遂げています。」……第二抽象部分

文章ですべての意味を把握する必要はありません。各段落がどのような内容かを把握しながら読み進めれば、文の最後までたどり着くことができます。各段落の意味を把握するためには、読んでいる文が抽象部分なのか具体部分なのか、同じサンドイッチに属するのはどの部分かを把握することが重要です。もしもわからなくなったら、サンドイッチの別のパーツから意味を把握すればいいからです。

「fact」と「opinion」問題：事実か意見かを見分ける言葉

昨今「事実か意見か」を問う問題が増えてきました。
これは、しっかりと違いを意識して問題を解く必要があります。

ここで使える！

・「fact」か「opinion」かを問う問題

» テクニックのコツ

共通テストを始め、最近「factを問う」という選択肢問題が多く出題されるようになりました。こちらの問題文のような形式です。

「過去の生徒たちによって調査された一つの事実は、［10］だ。
［10］に当てはまる選択肢を選びなさい」
「This statement says one fact that …」

ご丁寧に「事実」「fact」に線までついていますね。このように、「事実」を答えなさいという問題は最近多く出題されるようになっています。

これらの問題を解くうえで、まず考えなければならないのは「fact」と「opinion」、「事実」と「意見」の違いです。**事実は、データに基づいた客観的なもの**です。**誰が見ても同じ結論になるポイント**のことです。**それに対して意見は、その事実から一歩進んで、問題意識と直接的に結びつき、「それを解決すれば問題が解決する！」というもの**です。**こちらは主観的なもので、客観的ではありません。**

この違いが、英語でも国語でも重視されるようになってきました。たとえば、「これが重要だ」というのはただの意見ですから事実ではありませんよね。これくらいは簡単ですが、たとえば「このスペースは多くの人が利用する」は事実でしょうか？　一見データに基づいているような言い方に見えるので「事実」としてしまいそうになりますが、「多くの人が利用する」というのは、利用者が具体的な数字で示されているわけではないので、人によって解釈が分かれてしまいます。そのスペースを利用する人が100人だったとしても、人によっては「少ない」と感じるかもしれません。

逆に、「このスペースの利用者数は、Aスペースの利用者数よりも多い」だったらこれは「事実」になります。比較する対象があれば、意見が分かれることもないからです。同じ理由で、「このスペースは頻繁に利用されている」も「事実」ではありませんね。「頻繁に」とか「しばしば」とかは、人によって解釈が分かれるからです。英語で言えば、Often/Someなどのあいまいな表現はNGということになります。これらの言葉をしっかりと覚えておきましょう。

また、他にもいくつか知っておくべき言葉があります。たとえば、**「must」という助動詞にも注意が必要**です。**「主観的に、しなければならない」という意味になりますから、事実ではない可能性が高い**のです。**ただし、「have to」は「客観的に見て、そうしたほうがいい」という意味の言葉になるので、これは事実になることが多い**です。これらの言葉の違いをしっかりと覚えておきましょう。では、次の問題はどうでしょうか。

問題　次の選択肢のうち、意見ではなく事実なものはどれか？

① this space is often empty
② this library is open until 9pm
③ this statement is very important
④ this machines are necessary when watching videos

①は「often＝頻繁に」というあいまいな言葉があるのでダメですね。③も、「very important＝とてもよくできている」という主観的な意見が入ってしまっています。④が事実かどうかは微妙なラインですが、「necessary」とあります。この言葉は、実は客観的なニュアンスのある言葉です。「事実」として正しい、客観的な言葉として、「necessary＝する必要がある」「evidently＝(証拠があって) 確かである」「have to＝したほうがいい」などが挙げられます。これらは、「事実」として考えておいたほうがいいでしょう。つまり、この問題においては②と④が正解の可能性が高いとわかります。

「それってあなたの感想ですよね」というセリフが若者の間で流行しましたが、まさにこの言葉通り、「感想」であるにもかかわらず「事実」と混同して話をしてしまうのは危険です。試験ではしっかりとこの違いを意識するようにしましょう。

fact：事実＝誰が見ても同じ結論になる（客観的）
opinion：意見＝それを解決すれば問題も解決する（主観的）

意見推測問題：極端な意見を省こう

文章の解釈をさせる問題において、間違いには２つのパターンがあることを知っておくと、問題が解きやすくなります。

ここで使える！

- **文章解釈の選択問題**

» テクニックのコツ

文章を読んで、その解釈を選ばせる問題はかなり頻出になってきています。共通テストでも、それ以外の大学入試でも増えてきています。

たとえば、「文章１は、斎宮の情熱的な様子を描くことで、斎宮を理想的な人物だと印象付けていると考えられる」のように、「その文章がどのように解釈できるのか」を選択肢として選ばせる問題です。

この問題は、かなり難易度の高い問題だと言われています。「解釈として正しいものを選べ」と言われても、問題文に答えが書いてあるわけではありませんから、なかなかパッと答えるのが大変なのです。

この問題の解き方として大切なのは、「**間違いには２つのパターンがある**」と理解することです。たとえば「日本の紅茶の消費量が多いのは、日本人がデザートと一緒に紅茶を飲む文化があるからだ」と言ったときに、どこが事実で、どこが意見かわかりますか？　先ほどの項目の「fact」と「opinion」の違いで言えば、「日本の紅茶の消費量が多い」が事実で、「日本人がデザートと一緒に紅茶を飲む文化があるから」が意見だとわかると思います。

これが理解できたら、「**事実の確認・事実が正しいかどうかのチェック**」と「**意見の確認・意見が極端ではないかのチェック**」の２つを行いましょう。この２つの基準のうちどちらかが間違っていたら、その選択肢が間違いになります。

この選択肢の場合、まずは事実・「日本の紅茶の消費量が多い」が正しいのかどうかを確認しましょう。もし間違っていたらその時点でその選択肢は外れます。これが「事実の確認」です。

次に、意見を確認します。「日本人がデザートと一緒に紅茶を飲む文化があるから」ですが、「デザートと一緒に紅茶を飲んでいる人が多い程度のことで紅茶の消費量が多くなるのか？」とか「そもそもデザートと一緒に紅茶を飲むんだっけ？」と考えます。これが「意見が極端でないか」です。

「文章１は、斎宮の情熱的な様子を描くことで、斎宮を理想的な人物だと印象付けていると考えられる」であれば、「斎宮の情熱的な様子を描く」が事実で、「斎宮を理想的な人物だと印象付けている」が意見です。事実は「そんな描写があるか」を確認すればいいのです。意見は「『情熱的→理想的』と言っていいのか？　極端じゃないか？」と考えるのです。

そして、**意見としてもっとも無難で、極端ではないものが正解**になります。選択肢を複数個比較して、多くの人が「まあ、それは正しいと言えるんじゃないのかな」と考えるような選択肢を選ぶようにしましょう。では、次の問題はどうでしょうか。

問題　文章の解釈として、正しいのはどちらか？

A　主人公を理想的な人物として描いているのは、朝廷の権威を保とうとしているのだろう

B　主人公の心情に触れているのは、俯瞰的に出来事の経緯を叙述しようとしているからだろう

事実は、「主人公を理想的な人物として描いている」「主人公の心情に触れている」ですね。そして意見は、「朝廷の権威を保とうとしている」「俯瞰的に出来事の経緯を叙述しようとしている」となります。

まずは事実を確認して、それが正しいかどうかをチェックします。そのうえで、意見が極端じゃないかを確認します。今回は「『理想的→権威を保つ』は本当かな？　さすがに言い過ぎじゃないの？」と考えられるので、何となくAは違うのではないかと考えることができますね。とはいえ、「一番極端ではないものを選ぶ」ことを優先させてください。「俯瞰的に叙述する」と「朝廷の権威を保つ」だと、前者のほうが何となく極端ではないと考えられると思うので、今回はBが正解なのではないかと考えることができます。

解釈を求める問題は難しいですが、問題として出題されている以上、その解釈を知っているかどうかではなく、「解釈として無理がないかどうか」を問う問題だと考えたほうが解きやすいです。ぜひ、「一番無難なものを選ぶ」ということを意識してもらえればと思います。

笑顔を作ろう

試験において、ピンチはたくさん訪れます。問題が難しいとか、緊張してマークミスをしてしまったとか、たくさんのアクシデントが発生するものです。そんなときにどう対処すればいいのか、気になる人は多いのではないでしょうか。

試験でピンチのときの対処法として、東大生がよくやっていることが、**「笑顔になってみる」**というものです。試験問題が難しいとき、解けなくて困り果てたとき、「笑顔になる」ことを実行すると、事態が好転することがあります。

「いやいや、試験会場で笑うなんてできないよ！」と思う人もいるかもしれないのですが、「笑って」と言っているのではありません。「笑顔になって」と言っているのです。

この２つは実は大きな違いがあります。みなさんはちょっと勘違いしているかもしれないのですが、人間は「笑う」から笑顔になるのではなく、「笑顔」だから「笑う」という側面があるのだそうです。

これは、心理学の世界では、実験もされていて証明されている話だったりします。

たとえば、セロハンテープで口角が上げられた状態でコメディを観るのと、セロハンテープで口角が上がらないように固定された状態でコメディを観るのとで比較すると、同じコメディでもなぜか口角が上がっていて笑顔の形になっているほうが、笑いを司る脳波が多く検出されます。

人間は、顔の形が笑顔なら、笑いの感情を持てるのです。

笑う余裕なんてなくても、形だけならできるはずです。嘘でもいいから、形だけでもいいから、試験会場で「笑顔になる」。これで実は、みなさんの心は少しハッピーになるかもしれません。

試験でピンチになると顔に笑顔の形を作る。「やばい！」と思っても、一度笑顔になってから考える。こうすると冷静に物事を捉えられるようになるのです。

焦ったときに、さらに焦るのではなく、その感情をコントロールして物事を好転させられるかもしれないのです。

試験の前に笑顔の練習をするのはおかしな印象を持つかもしれませんが、ピンチをチャンスに変えるために、ぜひ参考にしてみてください。

3章

得点最大化の魔法！

「記述問題」のテクニック

得点UP

「、」は使わない

文章を記述して解答する際には、「、」を多用して長文ひとつで答えるよりも、キリのいいところで文章を止めて、複数の文章で解答したほうが印象がよくなります。

ここで使える！

・２文以上にわたる長文の記述試験や、小論文の問題

» テクニックのコツ

「文章で答えるタイプの問題が苦手」「選択肢の問題なら解けるけど、記述は無理」。そう答える方も少なくありません。ですが、実際には選択肢式の問題だけとはいかず、試験の難易度が上昇すればするほどに、記述問題の割合は増えていきます。

こうした問題に解答する際には、２つの視点から精査が必要です。ひとつは「**問われている内容に過不足なく解答できているか**」。もうひとつは「**解答に使った文章が日本語として正しいかどうか**」です。選択肢をひとつ選べばいいだけの問題とは違って、記述試験では、自分の言葉で答える必要が生じます。どれだけ合っていることを書いても、それに用いられている日本語が意味をなしていなかったり、採点者に誤った理解を与えてしまうような文章であったりした場合には、マルはもらえません。「解答の要素を含んでいる」のは当たり前で、「なるべく採点者に誤解を与えないようなわかりやすい文章」を書く必要があるのです。

このとき、注意すべきポイントは「あまり長すぎる文章を書かない」こと。普段、我々は日本語を母語として話していますし、その際には長い文章を用いることもありますから、「長文を書くことなんて簡単」と思い込んでしま

いますが、実際には、長文の生成は難しい技術なのです。

たとえば、「今日も学校に行く途中で友達と会って、一緒に話しながら歩いて行ったら、時間があっという間に過ぎてしまい、急いで教室に駆け込んだ。」という文章を読んだときに、なんだか読みにくいと感じませんでしたか？　それは、この文章に句点、すなわち「。」が途中にひとつもなかったからでしょう。

文法的には正しいものの、読み手が読み返したときに長いと感じてしまうような文章は、読みやすいとは言えません。ですから、**読点「、」の代わりに句点「。」を入れるようにしましょう**。そうすれば「今日も学校に行く途中で友達と会った。一緒に話しながら歩いて行ったら、時間があっという間に過ぎてしまった。急いで教室に駆け込んだ。」と、場面転換のタイミングが示されることで、ぐっと読みやすさが増します。

読みやすくなれば、文章自体の意味がとり違えられることも少なくなり、減点を防げるなど、結果的に得点につながるでしょう。ですから、文章を書くときには、なるべく長文よりも短文で書いていくようにしましょう。

たとえば、次の文章は以下のように答えます。

「週末に友人と海に行く計画を立てていて朝早く起きて準備をして出発し途中でおいしいパン屋さんに立ち寄りながら向かいました。」

↓

- **複数の文章が重なり合っていて読みにくいので、それぞれを切り分ける。**
- **時制が混乱しているので、時系列順にまとめて、過去形、現在形を使い分ける。**

↓

「週末に友人と海に行く計画を立てた。朝早く起きて準備をして出発した。途中でおいしいパン屋さんに立ち寄りつつ向かった。」

長文をそのまま扱うのは、超高等テクニックです。慣れるまでは、なるべく短い文章から扱うようにしましょう。そのためには、読点「、」ではなく、句点「。」を使うことを意識するようにしましょう。

ねじれ文に注意

文章を書く際には「主語と述語が一致しているか」に注意しましょう。主述が一致していない「ねじれ文」を作ってしまわないように、単文を基本とします。

ここで使える！

・自由記述で解答するタイプの問題

» テクニックのコツ

文章を書くうえで注意したいのが「**主述の一致**」です。**記述問題に対して、長文で解答していると、つい主語に対してふさわしくない述語で文を締めてしまうことがあります**。**これを「ねじれ文」と呼びます**。

たとえば、「私の夢は、世界一のコックとして海外で引っ張りだこになる」は、ねじれ文です。「私の夢は」と始まったのであれば、「○○だ」「○○です」と名詞中心で答えなくてはいけません。しかし、今回の文章は「海外で引っ張りだこになる」と動詞で答えています。これを「主語と述語が一致していない」として、ねじれ文と呼ぶのです。これを正しくするのであれば、「私の夢は、世界一のコックとして海外で引っ張りだこになることです」のように「○○になること」と名詞を中心に書き換えればいいでしょう。

見つけられれば簡単に直せますし、普通はそんなミスもしない。ですが、極限状態の試験会場においてはやってしまうことがあります。

そもそもねじれとはなぜ生まれるのか。それはきっと、文章を書いている最中に、着地点を見誤ってしまうからでしょう。長い文章であればあるほどに、「どうやって締めるか」は難しくなります。着地予想がつかなくなるのです。

そうであれば、対処法は簡単です。**「単文」を中心に解答すればよい**のです。単文とは、主語と述語が一対一で対応しているペアが一組だけあるような文章のことです。たとえば「私は教師だ」「彼は勉強する」などが単文に当たります。短くて、シンプルなので、とにかく間違えにくいのが長所です。基本はこれを意識するといいでしょう。

慣れてきたら、「複文」「重文」にもチャレンジしてみましょう。単文が2つ以上組み合わさった文のことをそう呼びます。みなさんが普段使っている文章の多くは、きっと「複文」でしょう。さまざまな場面で使いやすい文型ですが、3つ以上の文章をつなげようとすると、途端に難しくなります。つなげるとしても、2つまでにとどめておきましょう。

たとえば、次の文章は以下のように整えます。

「新しいプロジェクトの開始を上司に報告するために会議室に向かったところ、会議室が既に他のチームによって使用されていたため、急遽別の場所を探していたところ、同僚から急な変更に対応するためのアドバイスを受けたものの、そのアドバイスがどれだけ役立つかを試す時間がなかったことが悔やまれます。」

↓

- **途中に句点がひとつもなく、複数の文章が一文に縮約されているため、読みにくさを増幅している。単文に切り離して記述する。**

↓

「新しいプロジェクトの開始を上司に報告するために会議室に向かった。会議室が既に他のチームによって使用されていたため、急遽別の場所を探した。すると、同僚から急な変更に対応するためのアドバイスを受けた。しかし、そのアドバイスがどれだけ役立つかを試す時間がなく、それが悔やまれる。」

文章を書く際には、ねじれ文に注意しましょう。日本語として自然ではないうえに、読み手に負荷がかかる文章だからです。減点を抑えるためにも、なるべく読みやすい文章で書くことが一番です。そのためには、主述が一致するように、単文を意識して文章を構成するとよいでしょう。

理由・因果関係は「つなげて」解答しよう

理由を問う問題に対して、「答え」と「問題文」を一文でつなげたときに違和感がないかを確認するというテクニックです。

ここで使える！

・「この理由を答えなさい」「これはなぜか」という理由を問う記述問題

» テクニックのコツ

「これはなぜか」を問う問題は、国語でも社会でも、どの科目・どの試験でも必ずと言っていいほど出題されています。

そんな「理由を問う問題」には、ひとつ落とし穴があることをご存じですか？　それは、「理由になっていない解答」が多いというものです。

たとえば、「オーストラリアはなぜ、人気の高い留学地なのか、理由を答えなさい」という問題があったとします。この問題の答えとして、「公用語が英語だから」「多文化主義を採用しているから」という解答は適切でしょうか？　一見すると正しそうですが、よく考えると間違っています。

問題文と解答をつなげて、ひとつの文を作ってみましょう。「オーストラリアは、公用語が英語だから、留学生から人気」となりますが、これってなんだか違和感がありますよね。飛躍していて、説明がひとつ抜けているのです。「公用語が英語だから、なんなんだ」と突っ込まれてしまいます。

「オーストラリアは、多くの人が勉強している英語が公用語だから、コミュニケーションが取りやすく、留学生から人気」となっていれば正解になるわけですが、「公用語が英語だから」だけでは理由になっていないのです。「多くの人が勉強している英語が公用語だから、留学生にとってコミュニケーションが取りやすい場所であるため」というように書くといいでしょう。

理由・因果関係を問う問題においては、この「問題文と解答をつなげて、ひとつの文を作ったときに、違和感がないか」の確認が絶対に必要です。

「Ａくんが泣いたのはなぜか」という問いに対して、「Ｂくんがおまんじゅうを食べたから」と答えを考えるだけでなく、「Ｂくんがおまんじゅうを食べたから、Ａくんが泣いた」としたときに違和感がないか、その違和感を解消するためにはどんな説明を追記するべきかを考える必要があります。「このままだとなぜＡくんが泣いたのかの直接的な理由がわかりづらいから、『Ｂくんが、Ａくんが大事にしていたおまんじゅうを食べたから』としよう」というような思考をすることで、点数が安定するのです。

ちなみに、もし文字数に余裕があるなら、「〜だから、『Ａくんが泣いた』」のように、問題文の言葉を使って書いても大丈夫です。

次の問題を見てみましょう。

問題　**昨今、コンビニエンスストアではカットフルーツが人気を集めている。通常のフルーツよりも少量であるにもかかわらず、なぜカットフルーツが人気なのか、考えられる理由を書け。**

誤答　核家族化・晩婚化が進んでいるから。

問題文と解答をつなげると、「核家族化・晩婚化が進んでいるから、カットフルーツが人気」となります。これは飛躍している印象がありますね。「なぜ、核家族化・晩婚化が進むと、カットフルーツが人気になるのか」を書く必要があります。

「核家族化・晩婚化が進んでいることで、丸々ひとつフルーツを買っても食べ切れない人が多いから、少量のカットフルーツが人気」とすれば、理由として説明が十分になっています。これを活かして、「**核家族化・晩婚化が進んでいることで、丸々ひとつフルーツを買っても食べ切れない人が多いため、量が少ないほうが需要があるから**」とすれば正解になります。

ちょっとした書き方で点数が大幅に減点されてしまう可能性があるのが、この「理由になっていない解答」の落とし穴です。絶対に回避できるようにしましょう。

「変化」を問う問題で書くべき3つのポイント

「AがBに変化した」を記述しなければならない問題は多いです。そのときに、「変化前」「変化理由」「変化後」の3つを書くようにしましょう。

ここで使える！

・主に社会や理科の記述問題の中で、「変化」が絡む問題

» テクニックのコツ

社会や理科の問題では特に多いのですが、「○○が増加した」「○○が減少した」「○○化が発生した」というような、「何かが変わった」ということを書かなければならない問題は多いです。

これらの記述問題には、『変化する前』の状態が、こういう『変化理由』によって、『変化後』こうなったという3段階で文章を作る必要があります。「Q．この地域の変化について説明しなさい」「A．この地域は砂漠化している」とだけ書くのではなく、「A．この地域は、もともと緑地だった地域が、過放牧・過伐採によって、砂漠化した」のように、『変化する前＝緑地』『変化理由＝過放牧・過伐採』『変化後＝砂漠』のように3つが揃うように書くのです。「砂漠化した」ということだけだと、変化後の状態しかわからないので、点数が1/3以下になってしまう可能性が高いです。

「Q．この数値が増加したことについて詳しく説明しなさい」という問題においても、「A．もともと○○によって数値が低かったのが、××の影響によって、数値が増えた」と書かなければなりません。また、これを意識すると、記述問題で正解にたどり着きやすくなります。

「Q. 江戸時代から明治時代にかけて、日本国民の平均身長が伸びたのはなぜか」と聞かれたときに、「伸びた」という結果だけを見て、「明治時代には何が起こったのか」を考えてしまいがちです。でも、「変化前」の「江戸時代に、平均身長が低かった理由もあるんじゃないか？」ということも考えられます。

これは「A. 江戸時代は肉食が禁止されていて動物性タンパク質が摂取できなかったのが、明治時代になって肉食が解禁され、食文化も西洋化したから」が正解になります。「変化後」だけでなく「変化前」も考えるべき、という話ですね。

では、次の問題を見てみましょう。

問題　**フランス革命が発生した背景を答えなさい。**

誤答　人権や自由に対する意識が芽生え、啓蒙思想が広がったから。

正答　元々、民衆は経済力が低く人権や自由に対する意識が低かったが、商工業の発展によりブルジョワと呼ばれる経済力の高い市民が生まれ、その市民から徐々に人権や自由に対する意識・啓蒙思想が芽生えるようになったため。

- **変化前**——元々、民衆は経済力が低く人権や自由に対する意識が低かった
- **変化理由**—商工業の発展によりブルジョワと呼ばれる経済力の高い市民が生まれた
- **変化後**——その市民から徐々に人権や自由に対する意識・啓蒙思想が芽生えるようになった

このように、変化前・変化理由・変化後を整理して書いているものが正解になります。

日常会話でも、「今日はかわいいね」と声を掛けたら「いつもはかわいくないってこと？」と怒られる、という話がありますね。これは、「今日はかわいいね」は変化後であり、その裏側に変化前があると解釈するからです。それと同じで、「変化」を聞かれたら、その変化前・変化理由・変化後をセットで考える思考をぜひ身につけておいてください。

「背景」と「理由」を区別して書こう

論述問題では、「背景」と「理由」を分けて考えて書く必要があります。この２つを区別するようにしましょう。

ここで使える！

- **主に社会や理科の論述問題**

» テクニックのコツ

ここまでのテクニックでもわかると思いますが、論述問題はちょっとした書き方の違いで、点数が変わってしまいます。そしてレベルの高いテストだと、論述問題のちょっとした問題文の違いで、求められている内容が変わってしまうことがあります。

「理由を答えなさい」と「背景を答えなさい」の違いがその典型です。**直接的な原因を記述する問題は「理由を答えなさい」という問題文**であり、**間接的な原因を記述する問題は「背景を答えなさい」という問題文**になっています。この２つは区別して書かなければならないのです。

たとえば、「第一次世界大戦が発生した原因となる出来事は？」という問いだと、「サラエボ事件」となります。サラエボでオーストリアの皇太子が射殺されたことがきっかけで第一次世界大戦が発生した、と。

でも、そもそもこの事件が発生することになった背景も存在します。バルカン半島の国際情勢の不安定さなど、さまざまなものが間接的な原因として考えられますよね。「第一次世界大戦が発生した背景は？」と聞かれたら、こちらを答えなければなりません。いわば、「理由」を聞かれているのか「理由の理由（その理由が発生した根本的な原因・つまり背景）」を聞かれているのかを意識しなければならないというわけですね。

「背景」を聞かれているのか、「理由・原因」を聞かれているのか？　これをしっかりと見極めて解答を作る必要があるのです。また、「背景」と「理由」を区別していると、「理由の理由」を考える習慣がつきます。

たとえば、好きな子に「今度の日曜日空いてる？」と言って「ごめん、用事があって」と言われたら、どう考えますか？　おそらく「ああ、日曜日は空いてないんだな」とは考えませんよね。「自分は脈なしなんだな」と考えるはずです。それと同じで、「理由」を考えるだけでは「背景」に辿り着けません。その「理由」が発生した「理由」を考えることで、「背景」に辿り着けます。この思考は、問題を解くうえでとても重要になってくるのです。

次の問題を見てみましょう。

問題　**昨今シャッター通りと呼ばれる商店街が増えている背景を答えなさい。**

誤答　商店街が儲からなくなり、また店主の高齢化により、シャッターを閉めたまま営業を行っていない商店が増えているから。

正答　モータリゼーションにより、駐車場を完備したロードサイドショップが人気となり、駅前の商店街の利用者が減っているから。

もしこれが「理由」を聞かれている場合は、その物事が発生した直接的な原因だけでいいので、「商店街の不人気」だけでOKです。でも、今回の場合、「背景」を求められています。ということは、「商店街の不人気」という物事が発生した間接的な原因や、その裏側にあったものを考えなければなりません。今回は「モータリゼーション（日常で自動車の利用が普及すること）・ロードサイドショップの人気」ですね。

背景と理由を区別する思考は、理科や社会だけでなく、国語や英語でも応用できます。問題を解く際には、この２つを分けて考えるようにしましょう。

英作文：意訳で書こう

英作文において、難しく書こうとすると間違えてしまうので、簡単に言い直してから書くというテクニック。

ここで使える！

- 英語の資格試験や大学入試問題など、和文英訳の記述問題が出題される試験

» テクニックのコツ

日本語を英語に直して記述させる問題形式・和文英訳の記述問題が課される試験はかなり多いです。**この問題形式を突破するために重要なのは、「日本語自体を簡単な日本語に直す」こと**です。

たとえば、「その小説は若年層の間で流行している」を英訳するとどうなるでしょうか？「若年層」とか「流行」とかよくわかりませんよね。なので、この日本語自体を簡単なものに「和文和訳」します。

まず、「若年層」です。簡単に言ってしまえばこれは「若い人」という意味ですよね。また、「流行」はどうでしょう？「流行っている」というのは「みんなが読んでいる」という意味です。ですからこれは、「その小説は若年層の間で流行している→その小説は若い人がみんな読んでいる」でいいのです。

つまり、

The novel is read by a lot of young people.

が答えになります。最初の日本語のままでは難しかった日本語文が、簡単になりました。

このとき重要なのは、難しい言葉を簡単に説明できないかと考えることです。「若年層」を「若者」としたのはその典型ですね。「不眠症」は「insomnia」ですが、この単語を知らなくても「不眠症」を説明して「なかなか眠ることができない」とし、「I can't sleep well」とすることもできます。日本語を、より説明を加えたりして簡単に直すというわけです。では、次の文章を英語にしてみましょう。

「この場所は不衛生だ」

不衛生、という言葉を簡単に直すと「あまりきれいでない」ですね。なので、「not very clean」とすればいいでしょう。

→ **「This area is not very clean.」**

「彼は単身赴任になる」

単身赴任、という言葉を簡単にするには、説明を加えればいいですね。「家族と離れて、一人で住む」になります。

→ **「He will be living by himself away from the family.」**

難しいものを難しいままで書くのではなく、一度簡単に直すというのは、とても重要なことです。英語だけでなく、それ以外の言語でも、日本語で文章を書くときですら、必要になってきます。使ってみてください。

「質問と答え」で整理しよう

「質問と答え」で文章を整理することで、長文を記述しなければならない問題でうまく整理することができるようになります。

ここで使える！

- **小論文や、長く記述しなければならない問題**
- **文章の要約をする問題**

» テクニックのコツ

文章を長く書かなければならない問題は、少なくありません。小論文や大論述と呼ばれるテーマですね。でも、こうした問題の対応はかなり難しいです。長く文を書いていると、頭の中がぐちゃぐちゃして、文章も整理ができなくなってしまうからです。それに対して、「質問と答え」で思考を整理しアウトプットするという方法があります。

基本的に文章というのは、「質問と答え」で整理できます。たとえば、自己紹介の文章を思い浮かべてみましょう。「自分は、こういう人間で、こういう趣味があります」と語るわけですが、これは「あなたはどういう人間ですか？」という質問に対する答えですね。感想文は、「この本はこういうポイントがおもしろかった」と書くものですが、これは「あなたはこの本を読んで、どんな感想を持ちましたか？」という質問に対する回答ですよね。議事録は、「この会議で話されていたのはどういう内容ですか？」という問いに対しての回答です。

歴史の参考書も、「ローマ時代の政治はどのようなものだったのか？」「豊臣秀吉はどのような政治を行ったのか？」のような、「問い」が根本にあって、それに対応して「豊臣秀吉の政治」というタイトルのページであれば、「豊臣秀吉はどのような政治を行ったのか？」という質問に対する答えが書かれていると解釈することができます。文章は、根本には「問い」があって、その問いに対する「答え」として書くものなのです。

それに倣って、**文章を書くときに、「なぜ、〜〜なのか。それは〜〜だから」を根本にして文章を作っていく**のです。「Aに賛成です。なぜなら〜〜だからです。なぜ〜〜なのかというと、〜〜だからです」と、何かを主張・説明したうえで「その理由を聞かれたときにどう答えるか」を根本にして文章を整理するのです。

「私は0歳選挙権に賛成です。なぜなら、今の日本の選挙の不平等さを解消する可能性があるからです。

0歳選挙権は、子供の意見を親が代弁することで、子供の考えを選挙に反映できるというもので、選挙権を持つ若者の人数を増やすことができます。

今の日本の選挙は、少子高齢化が深刻化している影響で、人口比で見たときに、子供が少なく高齢者の数が多くなっているから、若者世代よりも高齢者の意見の方が反映されやすくなっています。この問題を、0歳選挙権は解消できるかもしれません。」

この文章は、「なぜ？」で文章を連ねて作られています。

私は0歳選挙権に賛成です

→なぜ？（なぜ賛成？）：0歳選挙権は、今の日本の選挙の不平等さを解消する可能性があるから

→なぜ？（なぜ不平等解消になるの？）：選挙権を持つ若者の人数を増やすことができるから

→なぜ？（なぜ、選挙権を持つ若者の人数を増やすことで不平等解消になるの？）：現在は子供が少なく高齢者の数が多くなっているため

このように、**「なぜ？」という問いを何度も繰り返すことで、文章が論理的になっていきます。突っ込みどころがない、どこを切り取られても理由がしっかり書いてある文章になっていくわけです**。

このテクニックは、文章の要約を促す問題でも使うことができます。要約とは、「根本的に伝えたいメッセージを抜き出す作業」のことです。著者には文章を作った目的があるはずで、「こういうことを伝えたい」という中身があるはずです。その伝えたい、「根本」の部分を理解しなければならないわけです。そして、先ほどの定義で言えば、文章は「なんらかの問いに対して、答えるために作られているもの」です。であれば、その文章が答えたい「問い」がなんなのかを理解すれば、その文章の根本的に伝えたいメッセージがわかるはずなのです。

新聞を読もう

「試験に合格したいのであれば、参考書を読む前に、新聞を読むべきだ」。

教育業界の中でまことしやかにずっと語り継がれている言説のひとつです。参考書とにらめっこしているだけの人よりも、ニュースや新聞で教養を得るような勉強をしている人のほうが、合格しやすいという意味ですね。

みなさんはこの言葉についてどう思うでしょうか？

なぜ参考書より新聞のほうがいいのかといえば、試験において「時事ネタ」と言われる時流を反映させた問題の出題が非常に多いからです。

参考書はそのときのニュースを反映させて作ることは少なく、多くの場合は時事的なニュースを排して問題が作られています。でも、入試で出るのは普段流れているニュースや、何気なく読み飛ばしている新聞やネットニュースなのです。

たとえば、実際に中学入試や高校入試・東大をはじめとする有名大学の入学試験では、時事ネタを反映したような問題が多数出題されています。

「シャッター通りはなぜ増えているのか」といったことを問う社会の問題が出題されることもザラですし、「原発についてどのように考えればよいか」といったことが国語の評論文のテーマになることも多いです。

国語と社会だけではありません。

「自国民第一主義がどんどん主流になっている世の中を、どのように乗り越えればよいか」といったテーマが英語の長文やリスニングの問題で出題されることもあります。

科目を問わず、文系理系を問わずに、時事的なニュースが問題に使われるケースは多いのです。

もちろん「試験前にそんな時間・そんな余裕はない！」という人もいるかもしれませんが、急がば回れという言葉もあるように、**回り道でも一度やってみると、案外それが最後の一押しになるかもしれません**。

そういうわけで、テストの前に一度、新聞を読んでみるのもおすすめです。ぜひやってみてください。

4章

チャレンジを決めたら！

「個別試験」のテクニック

リスニング問題：選択肢から内容を類推しよう

リスニング問題では、問題文と選択肢を読んで、会話の予測をしてみることができます。
いくつかのポイントを押さえれば、想像できるようになるでしょう。

ここで使える！

・英語の資格試験、高校や大学の受験英語

» テクニックのコツ

リスニングはなかなか大変な試験項目です。**問題が放送される前に、与えられた選択肢を見て、流れてくる音声を予想する必要があります**。

その際に、以下の３つのポイントを意識すると、会話の内容が予測できるので、しっかり頭に入れておきましょう！

①名詞・固有名詞：Keiko, TOKYOなど

まずは登場する固有名詞です。人の名前や地名ですね。誰がどんなトークをしているのかというのが想像できます。

②動詞・一般動詞：play, goなど

次は一般動詞です。「何をしたのか」ということを理解できるようになるため、重要です。

③副詞・数量を表す副詞：too，a littleなど

最後は、too，a littleなどの、数量や内容に関する副詞です。副詞は、リスニング問題においてキーになりやすいです。

では、次の問題を見てみましょう。

2021年 共通テスト 英語リスニング 第6問A

二人の対話を聞き、それぞれの問いの答えとして最も適切なものを、四つの選択肢（①～④）のうちから一つずつ選びなさい。

状況

JaneとShoがフランス留学について話をしています。

問34 What is Jane's main point? [34]

① A native French-speaking host family offers the best experience.
② Having a non-native dormitory roommate is more educational.
③ Living with a native speaker shouldn't be a priority.
④ The dormitory offers the best language experience.

問35 What choice does Sho need to make? [35]

① Whether to choose a language program or a culture program
② Whether to choose the study abroad program or not
③ Whether to stay with a host family or at the dormitory
④ Whether to stay with a native French-speaking family or not

①名詞

問34の選択肢①「A native French-speaking host family」
＝フランス語ネイティブのホストファミリー
問35の選択肢①「a language program or a culture program」
＝言語のプログラムか、文化のプログラムか

これらからフランスに留学するということが問題文に書いてあるので、言語を知るための留学にするのか、文化についての留学にするのかを悩んでいるのではないかと予想できます。

②動詞

問35の選択肢①と②「choose」＝選ぶ

問35の選択肢③と④「stay」＝泊まる

問35の選択肢の、「whether＝〜かどうか」から、「どちらを選ぶのか」「どこに泊まるのか」ということについて悩んでいるのではないか、ということがわかると思います。先ほどの名詞と結びつけて考えると、言語の勉強をするのか、文化の勉強をするのか、という「どんな勉強を留学先で行うのか」について考えるということなのだと考えられます。

③副詞

問34の選択肢②「more educational」＝「より」教育的

問34の選択肢④「the best language experience 」＝「一番の」言語経験

どちらも比較の表現です。比較ということは、比べる対象があるということを意味します。１つ目は「ネイティブではない寮の友達を持つことが、他のことよりも、教育的」ということで、また２つ目のほうも、「寮に住むことが、他と比べて、一番の言語経験である」ということになります。やはり「どんな勉強を留学先で行うのか」について考えるとわかりますね。

選択肢から文章の内容を類推するテクニックは、リスニング問題以外にも応用ができます。ぜひ実践してみてください！

複数の条件が絡む問題：“逆”を突く選択方法

「複数の条件が絡む問題」は、共通テストをはじめ多くのテストで出題されています。そのような問題には、逆から考えるというテクニックを使うことですぐに答えが出る場合があります。

ここで使える！

・共通テストなどで複数の条件が絡む問題

» テクニックのコツ

「複数の条件が絡む」問題、といっても文面だけでは伝わりにくいと思われるので、こちらの問題をご覧ください。

2024年 共通テスト 地理B 第1問 問1

次の図1中のアとイは、イギリスとニュージーランドのいずれかにおける国土の標高別面積割合を示したものである。また、後の図2は、イギリスとニュージーランドにおける国土の土地利用割合を示したものであり、凡例AとBは、森林と牧草地のいずれかである。ニュージーランドに該当する図と牧草地に該当する凡例との正しい組合せを、後の①～④のうちから一つ選べ。 1

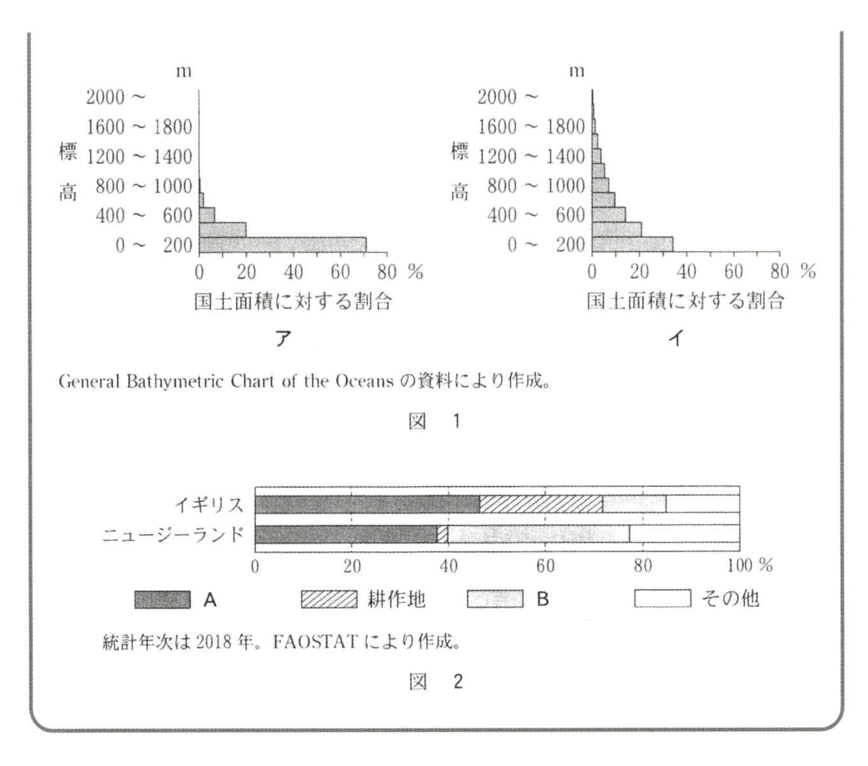

General Bathymetric Chart of the Oceans の資料により作成。

図 1

統計年次は 2018 年。FAOSTAT により作成。

図 2

こちらは2024年共通テスト地理B（現課程では地理総合）の最初の問題になります。見ていただくとわかるとおり、「イギリスかニュージーランドか」という条件と「森林か牧草地か」という条件が組み合わさっています。こうした問題形式は、共通テスト（特に社会科目）でよく用いられます。

こうしたタイプの問題を解くにあたって、当然と言えばそうですが、受験生は決まって「正解」を探りに行きます。すなわち、この問題で言うところの「ニュージーランド」と「牧草地」です。しかし、常にそれが最もよい解法とは限りません。なぜなら、「正解」を探りに行くこの受験生の頭の中では「ニュージーランドの知識・特徴」と「牧草地の知識・特徴」しか浮かんでいないからです。裏を返せば、せっかくイギリスと森林の情報も与えられているにもかかわらず、その情報を活かせていないのです。「何だそんなことか」と言う人もいるかも知れませんが、案外本番ではこれが意識できていないものです。

ではこの手の問題ではどのようにアプローチすればよいのでしょうか？答えは簡単で、「**考えるべき条件ではない条件も考えてみる**」です。ここでいう「イギリス/森林の知識・特徴」ですね。

たとえば、アとイのどちらがニュージーランドであるかを考えてもよくわからなければ、「じゃあ逆にイギリスはどちらだ？」という思考へシフトしてみます。イギリスは古期造山帯に位置しており険しい山脈がなく、盆地や高地も少ないのでそもそも標高が1000m以上もある地域があまり存在しない、ということがわかれば「ア」がイギリスだとわかります（ニュージーランドは新期造山帯に位置しているので標高の高い地域が存在することが図１から読み取れます。もちろんニュージーランドに関する知識があればこちらを解答の根拠にすることもできます）。そうすれば必然的に「イ」がニュージーランドだとわかるわけです。

図２のＡとＢも、牧草地に関する知識がなければ思考を「森林」にシフトします。都市開発の進むイギリスでは、国土に対する森林の割合が少ないのは容易に想像がつきますので、Ｂが森林だとわかり、連鎖的にＡが牧草地だとわかります。

この思考プロセスは、見直しにも役立ちます。たとえばニュージーランドと牧草地に関する知識があったおかげでこの問題を解けたとします。すると、見直しの際にイギリスと森林に焦点を当てて見直しをすることで、違う視点から自分の解答を評価することができるので、見直しの精度が上がります。

では、次の問題はどうでしょうか？

2022年 共通テスト 地理B 第1問 問4

次の図4は、オーストラリアにおける1月の気温、1月の降水量、7月の気温、7月の降水量のいずれかを等値線で示したものである。図4中のPとQは気温と降水量のいずれか、サとシは1月と7月のいずれかである。1月の気温に該当するものを、図4 中の①～④のうちから一つ選べ。

4

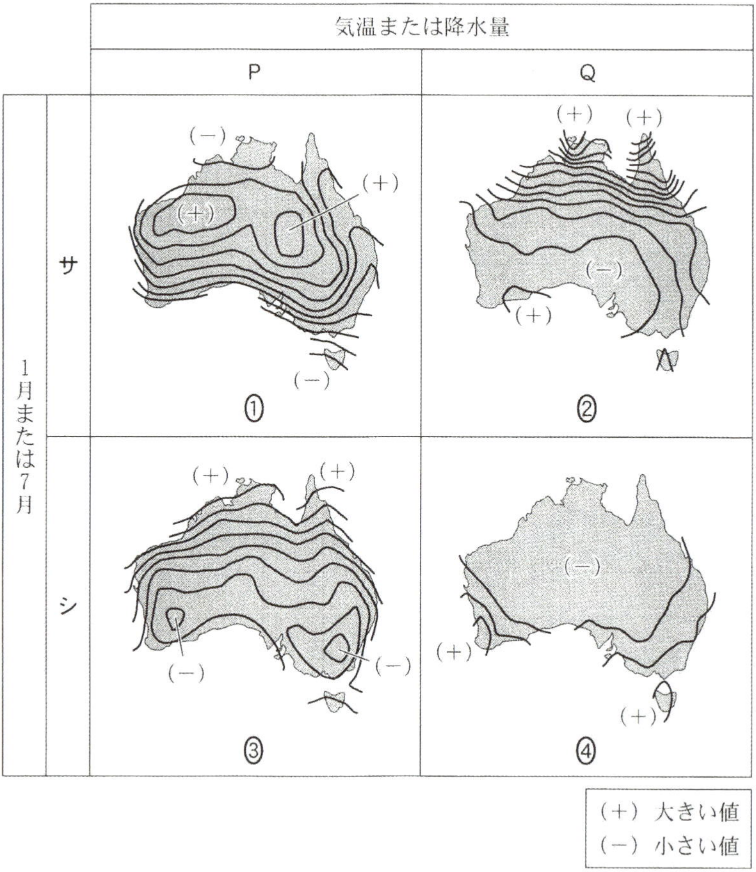

		気温または降水量	
		P	Q
1月または7月	サ	(－) (＋) (＋) (－) ①	(＋) (＋) (－) (＋) ②
	シ	(＋) (＋) (－) (－) ③	(－) (＋) (＋) ④

(＋) 大きい値
(－) 小さい値

気温は月平均気温，降水量は月平均の日降水量。等値線の間隔は気温が2℃，降水量が1mm/日。NOAAの資料により作成。

図 4

どちらがどちらかわからない条件が2つあるだけでなく、それらが組み合わさっているという、非常に厄介な問題です。こちらは「1月か7月か」という条件と「気温か降水量か」という条件です。ここでも、「1月」の「気温」だけに着目するのではなく、「7月」や「降水量」にも積極的に思考をシフトしてみるのが大事です。

まずは「気温」「降水量」を判断することにしましょう。「1月か7月か」という条件だけを考えることはできませんからね。「気温」について考えるとき、オーストラリアについての詳しい気候区分の知識がないと「気温は赤道から南へ向かうほど低くなるはずだから、1月か7月かにかかわらず図の上側が+、下側が－のほうを選べばいいかな……あれ、どっちも違う！」となってしまい、先に進めなくなってしまいます。ここで「私は勉強が足りなかったんだな」と思ってこの問題を諦めてはいけません。“逆”に降水量を考えてみるのです。内陸部は季節によらず降水量が少ない地域ですので、1月か7月かにかかわらず内陸部が－になっているQが降水量だとわかるのです。つまりその“逆”のPが気温だとわかります。

ひとつ条件が確定すればこの手の問題の難易度は一気に下がります。あとは「1月か7月か」を判断すればよいのみです。しかも、ここでも気温だけを基に判断するのではなく逆に降水量も判断根拠に入れることで解答の確かさがグッと上がります。ここからは地理のやや細かい知識が必要になりますが、試しに降水量を基に考えてみます。赤道低圧帯という降水をもたらす気圧帯が1月にかけて赤道やや南あたりに下ってくるので、降水量の選択肢の中で北側が+になっている②が「1月の降水量」になります。オーストラリアは南半球にあるから、季節が逆なわけですね。

このように、複数の条件について考える問題に出くわしたときは、「考えるべき条件とは逆のほうも考えてみる」ことを意識すると格段に考えやすくなり、しかもしっかりとした根拠を持って解答することができます。

理数系の試験：具体値代入を考えて消去法を使おう

理数系の試験において、全部の選択肢を吟味しなくても、具体的な値で考えてみることによって、選択肢を減らすことができるようになります。

ここで使える！

・マーク式のテストの中で、理数系の問題。正しい数式を選択肢から選ぶとき

» テクニックのコツ

理数系のマーク式の試験では、計算をして答えを出す問題が多いです。そのときに、消去法により事前にありえない選択肢を除外しておくことで、わからない問題でも答えを出したり誤答を減らすことができます。

しかし、数学や物理など計算が必要な問題となると、つい消去法を使わず解こうとしてしまいがちです。そんな計算が必要な問題で適切な消去法の使い方を知っておくことで、問題を解くことができるようになります。

基本的な消去法の使い方は、具体的な値を代入してみた結果を比較することです。具体例で考えてみましょう。「$n=1$のとき6である数列」の一般項を求める問題で次の選択肢が与えられています。

① $(n-2)n(n+2)$　② $(n-1)n(n+1)$　③ $n(n+1)(n+2)$

このとき、数列の知識を使ってちゃんと計算することもできますが、$n=1$を代入してみると

① −3 ② 0 ③ 6

となり、簡単な代入計算をするだけで答えは③だとわかってしまいます。

代入する具体値は、計算が簡単で選択肢によって計算結果が変わってしまうものを選ぶ必要があります。多くの場合、0や1といった小さな値やどこかの項が0になって消えてしまう数を選べばうまくいくことが多いです。先ほどの数列の問題だと、$n=2$で①が0になり比較的簡単に計算することができます。他にも、極限を習った人なら正の無限大・負の無限大を代入するという方法もあります。

2022年 共通テスト 物理 第1問 問3

質量がMで密度と厚さが均一な薄い円板がある。この円板を、外周の点Pに糸を付けてつるした。次に、円板の中心の点Oから直線OPと垂直な方向に距離dだけ離れた点Qに、質量mの物体を軽い糸で取り付けたところ、図3のようになって静止した。直線OQ上で点Pの鉛直下方にある点をCとしたとき、線分OCの長さxを表す式として正しいものを、後の①〜④のうちから一つ選べ。$x=$ 4

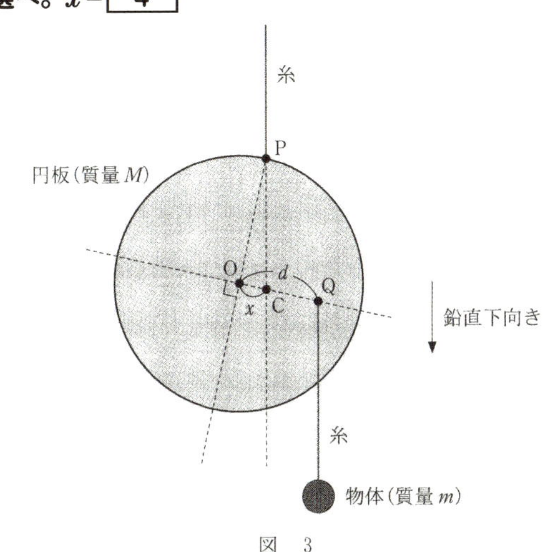

図 3

① $\dfrac{m}{M-m}d$ ② $\dfrac{m}{M+m}d$ ③ $\dfrac{M}{M-m}d$ ④ $\dfrac{M}{M+m}d$

代入によって選択肢が減らせないか考えてみましょう。$m=0$のとき、円盤に物体を取り付けていないのと同じなので円盤は傾かないはずです。つまり$x=0$とわかり、③④が答えにならないことがわかります。

残っている選択肢では分母が異なるため、分母が0になるような場合を考えます。$\mathrm{M}+m$は常に正なので、$\mathrm{M}-m=0$つまり$\mathrm{M}=m$のときを考えます。すると、$0<x<d$の範囲のどこかで傾いてそうなので、xは有限で数値が定まるはずです。よって、分母が0になってしまう①は間違いで、②が答えだとわかります。

どんな具体値を代入するとよいかは問題によって異なるので慣れるまでは難しいかもしれません。しかし、自分の計算した結果にこの方法を使えば、検算の方法としても応用することができます。マーク式以外のテストでもこの方法を試して練習してみてください。

中学受験の記述問題：記述問題は「末尾」から書こう

文字数が指定されている記述問題では、まず答案の末尾から考えます。そのうえで、答案の構成を決めると、それぞれの部分を何文字くらいで書けばいいのかがわかります。

ここで使える！

・中学受験の記述問題

» テクニックのコツ

中学受験の国語において記述問題は配点が大きいことも多く、苦手意識のある生徒も多いです。特に難しいのが、大抵の記述問題では「60字以内で答えなさい。」などと字数制限が定められていることです。書くべき内容はなんとなくわかっても、それを与えられた字数制限に対して過不足なく当てはめて文面を整えるのは相当難しい。

そこで、**記述問題の答案を書くときは、「絶対に削れない部分」から考えることをおすすめします**。つまり、**答案の末尾**です。**登場人物の気持ちが問われているなら「～気持ち。」、理由が問われているなら「～から。」「～ため。」、説明を求められているなら「～ということ。」ですね**。

では、実際の問題で見てみましょう。みなさんは、太宰治の短編小説『走れメロス』を読んだことがありますか？　あらすじを簡単にご紹介します。

正義感の強い青年メロスは、訪れた町で王様が人間不信に陥り人々を虐殺しているという話を聞き、王を生かしてはおけないと城へ侵入しますが、すぐに捕まってしまいます。処刑されることになったメロスは、妹の結婚式を挙げるため、親友のセリヌンティウスを身代わりに城に残して村へと走って帰りました。無事に妹の結婚式を終えたメロスは、濁流に呑まれたり山賊に襲われたりしながらも城に向かって走りますが、途中で限界を迎えて一度は諦めてしまいます。しかし、希望を持ち直したメロスは、約束の時間の直前に処刑台の前へと帰ってきます。セリヌンティウスとメロスは互いに一度だけ友を裏切りかけたことを告白し、一発ずつ互いの頬を殴り、熱い抱擁を交わすのでした。その様子を見た王、ディオニスは顔をあからめ、「おまえらの仲間の一人にしてほしい」と懇願するのでした。

さて、この『走れメロス』を題材に、次のような問題が出題されたとします。

第1問　傍線部「おまえらは、わしの心に勝ったのだ」とあるが、これはどういうことか。

メロスとセリヌンティウスの抱擁を見て、暴君ディオニスが言ったセリフですね。問われているのは「どういうことか」なので、答案の末尾の形は「～ということ。」となります。まずはここから決めて、この末尾につながる部分を考えていきます。

「どういうことか」という形式の問題では、傍線部の内容を言い換えることが求められています。つまり、答案の構成は、

① **「おまえら」が、**
② **「わしの心に」、**
③ **「勝った」**
④ **～ということ。**

となります。この構成に沿って、①②③それぞれの要素を別の言葉で説明し直すと、

① メロスとセリヌンティウスがお互いを信じ合い、一度でも疑ったことを正直に告白し許し合う様子を見て、
② 暴君ディオニスはそれまで人の正直さや絆というものを信じられなかったが、
③ それは間違っていたと気付かされた
④ ということ。

となります。答案に字数制限がある場合、④だけはまず確定させて、それ以外の①〜③で字数を調整しようというふうに考えることができます。

これは、理由を聞かれている問題でも同じことが言えます。

第2問　傍線部「私を殴れ」とあるが、メロスがこう言ったのはなぜか。

「なぜか」と問われているので、答案の末尾の形は「〜から。」となります。まずはここを確定させて、この末尾につながるように答案を考えると、

① メロスは、城へと走って戻る途中に一度諦めそうになった自責の念から、
② そのことを正直にセリヌンティウスに告白し、その罪を償わなければ、彼との信頼関係に対して誠実ではないと思った
③ から。

となります。

残り時間ギリギリで記述問題を解いていて、答案を書き始めたもののこのままでは文字数がオーバーしてしまう、もう調整している時間がない！　ということがあります。この場合、少々強引にでも「。」をつけて文章を終わらせ、字数制限内の答案であるという体裁を整えましょう。なぜなら、「。」で終わっていない答案は未解答もしくは字数の条件を満たしていない解答として扱われ、問答無用で0点になる危険性があるからです。**完璧な答案を仕上げるのが難しいときは、せめて部分点だけでも取りに行く姿勢が大切**です。

中学受験の算数：よく使う数は覚えよう

中学受験の算数には「よく使う数」があります。いちいち計算するのではなく、覚えてしまうことで計算の時間を短縮しましょう。

・中学受験の算数

» テクニックのコツ

実は、「**中学受験の算数には登場するが、中学以降の数学には登場しない数**」が存在することをご存じですか？　ずばり、「**3.14**」です。中学以降の数学では円周率はすべて「π」の記号で表されることになりますが、こと中学受験においては、「3.14」を含むかけ算が頻出します。

「半径が 2 cmの円の面積は?」
→$2 \times 2 \times 3.14 = 4 \times \underline{3.14} = 12.56$（$cm^2$）
「半径が 3 cmの円の円周の長さは?」
→$3 \times 2 \times 3.14 = 6 \times \underline{3.14} = 18.84$（cm）

と、「3.14」の倍数は、算数を勉強していく中で何度も見かけることになります。しかし、「3.14」も筆算するときは3桁の数字ですから、毎回計算していると地味に時間がかかるものです。そこで、よく見る「3.14」の倍数は覚えてしまいましょう。九九のイメージで、いわば「3.14の段」のようなものです。たとえば、4×3.14が12.56であると最初からわかっていれば、最初の例では式を立てた時点で答えを出すことができ、いちいち筆算しなくてもいいので問題を解くのにかかる時間を大幅に短縮できます。

以下、覚えておくと便利な3.14の倍数をご紹介します。

1×3.14=3.14

2×3.14=6.28

3×3.14=9.42

4×3.14=12.56

5×3.14=15.7

6×3.14=18.84

7×3.14=21.98

8×3.14=25.12

9×3.14=28.26

16×3.14=50.24

25×3.14=78.5

36×3.14=113.04

まずは「１桁の数字×3.14」を覚えておくことで、大きな数で筆算するにしても、各行の数を計算しなくて済みます。さらに、面積を求めるときは「半径×半径×3.14」を計算するので、「平方数×3.14」も意外と使う機会が多いです。さらに余裕があれば、以下も覚えておくとよいでしょう。

49×3.14=153.86

64×3.14=200.96

81×3.14=254.34

ちなみに、高校受験では「サイコロの確率」の問題が頻出なので、「６の倍数」を覚えておくといいと思います。「サイコロを３つ振って両方が１の確率は？」と聞かれて、「1/6×1/6×1/6だから……。」と考えているようではダメです。「1/216」と即答できないとダメです。

6×6×6=216

6×6×6×6=1296

チャレンジ！

3.14の倍数を暗記して書いてみよう！

$1 \times 3.14 =$

$2 \times 3.14 =$

$3 \times 3.14 =$

$4 \times 3.14 =$

$5 \times 3.14 =$

$6 \times 3.14 =$

$7 \times 3.14 =$

$8 \times 3.14 =$

$9 \times 3.14 =$

$16 \times 3.14 =$

$25 \times 3.14 =$

$36 \times 3.14 =$

中学受験・高校受験の図形問題：よく引く補助線を知ろう

中学受験・高校受験の図形問題では、図には書かれていない「補助線」を自分で見つけて引かないと解けない問題があります。
よく引く補助線は、実はパターンが決まっています。

ここで使える！

・中学受験の算数や高校受験の数学の図形問題

» テクニックのコツ

図形問題を解いていると、与えられた図のままでは答えを求めることができず、自分で新しく線を引かないと解けない問題にぶつかることがあります。この、**自分で書き込む線を「補助線」といいます。よく引く補助線というのは、実はパターンが決まっています。**

・対角線

対角線を引くことで要素が増え、考えやすくなることがあります。たとえばひし形は、対角線を引くことで合同な直角三角形を4つ作ることができます。台形の場合、対角線を引くことで、上底と下底が平行であることを利用して、等しい角度の三角形を作ることができます。知っている形を作り出して「ここここが等しいんだな」という情報を増やしていくことも、補助線を引く意義のひとつです。

台形

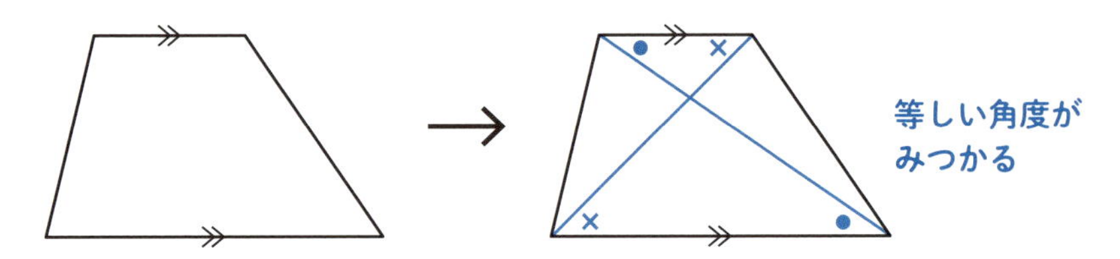

・延長線

与えられた図形の中で線が不自然な位置で終わっているとき、さらに延長してみると新しい図形が見えてくる場合があります。特に線分比や相似比を求める問題でよく登場します。台形や平行四辺形などの有名四角形でない四角形は扱いが難しいので、下の図のように延長線を引くことによって、三角形にしてしまったほうが問題が解きやすくなる場合も多いです。

平行四辺形

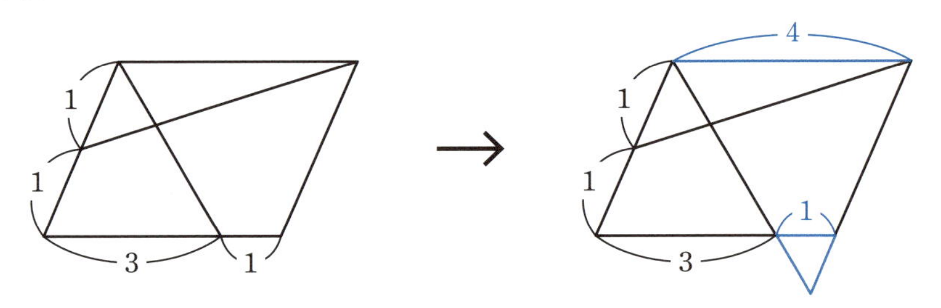

・平行線

平行線の性質（対頂角・同位角・錯角）、等積変形、平行線と線分比の性質など、「平行線」は情報の塊です。そこで、与えられた図には引かれていない「ある辺に対して平行な線」を補助線として引いてみると、意外と問題を解くためのヒントが見つかることもあります。

台形

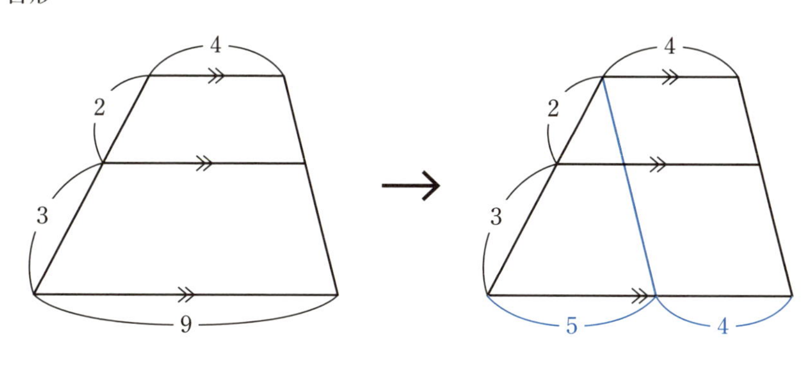

・円の中心と円周上の１点を結ぶ補助線

頻出なのに見つけにくいのが、この「円の中心と円周上の１点を結ぶ補助線」です。この線は、円の中心と円周上の１点を結んでいるので、つまり「半径」ということになります。円が登場する図形問題において半径の長さは非常に重要な情報となりますし、新たな中心角の情報が増えたり、半径が接線に対し垂直であることが利用できたりして、角度の情報を増やすことにも繋がります。

たとえば次の図形問題。点Oを中心とする中心角90°のおうぎ形で、半径は８cmです。弧ABを２等分する点をMとして、MからOBに垂線を下ろしました。斜線部の面積を求めてください、という問題です。（図１）

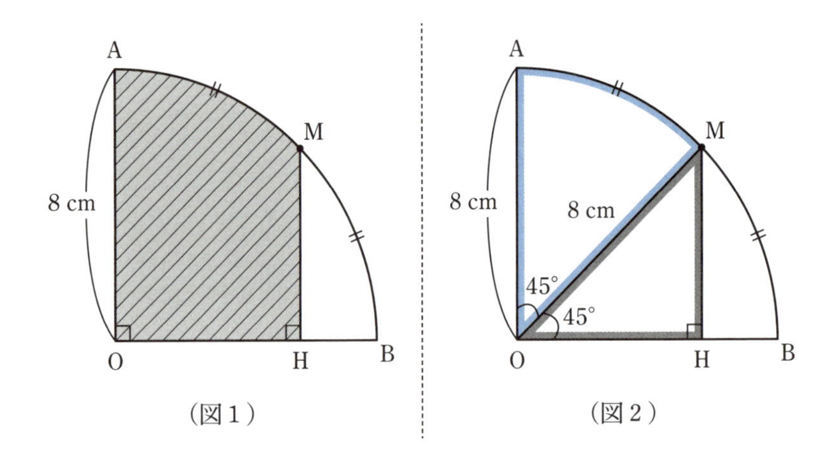

（図１）　（図２）

斜線部は、四角形かと思いきや上の辺が曲線なので、そのままでは面積を求めることができません。そこで、円の中心Oと、円周上の点Mとを直線で結んでみます。OMはおうぎ形の半径なので、長さは８cmです。MはABを２等分するので、OMも中心角を２等分し、∠AOM＝∠BOM＝45°となります。（図２）

すると、斜線部は「半径８cm、中心角45°のおうぎ形」と「斜辺の長さが８cmの直角二等辺三角形」に分けられることがわかります。それぞれの面積を求めると、おうぎ形の面積を求める公式は「（半径）×（半径）×（円周率）×（中心角）÷360°」なので、

8（cm）×8（cm）×3.14×45（°）÷360（°）＝25.12（cm^2）

直角二等辺三角形の面積は「（斜辺）×（斜辺）÷4」で求められるので、

8（cm）×8（cm）÷4＝16（cm^2）

したがって、求める斜線部の面積は

25.12（cm^2）＋16（cm^2）＝41.12（cm^2）　41.12（cm^2）となりますね。

特に４つめの「円の中心と円周上の１点を結ぶ補助線」についてはあまりにも頻出ですので、円やおうぎ形が登場する図形問題においては「中心と結ばれていない円周上の点を見つけたら、まず中心と結んでから考える」と意識するとよいでしょう。

難しい図形問題に取り組むうえで、補助線を引くことはたしかに有効ですが、不必要なところに補助線を引いてしまうと無駄に問題を複雑にしただけで答えに近づくこともできず、かえって混乱を招いてしまいます。補助線は、「ここかな？」と思ったところに引いて、解きながら「なんか違うな？」と思ったらためらいなく消す、トライ&エラーの精神が大切です。なるべく少ない試行回数で正解へと辿り着くために、よく引く補助線のパターンを知っておきましょう。

中学受験の算数や理科：単位は明確に

算数や理科の計算問題を解くときは、その数がなにを表す数だったのかわからなくならないよう、途中式の中に単位を書き込みながら計算を進めましょう。

ここで使える！

- **中学受験の算数や理科の計算問題**

» テクニックのコツ

中学受験の算数の答案では、途中式の中にも単位を書いてよいということになっています。たとえば、この問題を見てみましょう。

問題　**太郎さんは分速65m、花子さんは分速55mで歩きます。池の周りのある地点から、太郎さんと花子さんが反対方向に池の周りを歩くと、12分後に二人は出会います。今度はある地点から太郎さんと花子さんが同じ方向に池の周りを歩くとして、二人が出会うのは何分後ですか。**

池の周りの道のりを求めると、途中式は以下のようになります。

$(65+55)\times 12=1440$

分速65mと分速55mで反対方向に歩いて、12分で出会うので、二人の速さを足してかかった時間を掛けて1440m。たしかにその通りで、ただ解くだけなら単位など書かなくても大丈夫かもしれませんが、この途中式をあとから見直したときに、「65って何だっけ？」「なんで12を掛けてるんだ？」ということがわからなくなる危険性があります。

そこで、

(65(m÷分)+55(m÷分))×12(分)=1440(m)

と書くことによって、見直しが圧倒的に楽になります。複雑な問題になればなるほど混乱しやすいので、途中式の段階から単位を明確に書き込んでおくことの意義が大きくなります。

また、計算の段階から単位を意識することで、単位の「答え間違い」を防ぐこともできます。問題の条件は「分速」で与えられているのに答えは「時速」で聞かれていたり、桁を揃えるために「cm」で計算したのに答えは「m」で書く必要があったりして、「せっかく解けたのに！」という失点をしてしまっては勿体ありません。

答え

池の周りの道のりは

(65+55)×12=1440

同じ方向に歩いて二人が出会うのは、

1440÷(65−55)=144　144分後

↓

池の周りの道のりは

(65(m÷分)+55(m÷分))×12(分)=1440(m)

同じ方向に歩いて二人が出会うのは、

1440(m)÷(65(m÷分)−55(m÷分))=144(分)　144分後

ちなみに、よく求められる割に大変な「秒速」と「時速」の換算にはコツがあります。１時間は60分で、１分は60秒なので、１時間は60×60＝3600秒です。ある直線上を点Ｐが１m/sの速さで移動するとき、１時間で3600m進むので、速さを時速で表すと3.6km/hとなります。つまり、「１m/s＝3.6km/h」ということになります。これを知っていれば、秒速と時速を変換するときの計算量を大幅に減らすことができます。

中学受験の算数や理科：「ありえない答え」は計算ミスかも

中学受験では、よくある題材を使っていることから、ありえないシチュエーションは避ける傾向があります。確率や速度、食塩水の濃度などを計算で求めたら、自分の出した答えが現実的に妥当な数字になっているかを確認しましょう。現実的に考えて「ありえない答え」が出てしまった場合、どこかで間違えている可能性が高いです。

ここで使える！

- **主に中学受験の算数、理科の計算問題**

» テクニックのコツ

確率とは、分母に「起こりうるすべての場合の数」、分子に「特定の事柄が起こる場合の数」を入れて計算するので、確率が１を超えることはありません。つまり、**確率を求める問題で、自分の出した答えが１を超えていたら、それは必ずどこかで間違いが発生している**ということになります。

１を超えた確率のように「そもそも定義と照らしてありえない答え」とまでは言えなくても、求めた答えが「現実的にありえない」数字であった場合、どこかで計算を間違えている可能性が高いです。

たとえば、**食塩は、20℃の水100gに対して約36g溶けることが知られています。このとき、食塩水の濃度は約26.5%**となります。**水の温度が変わっても食塩の溶ける量はあまり変わらないので、求めた濃度が40%を超えたような場合には違和感を感じられるとよい**でしょう。

また、**人の歩く速度は、一般に約４km/hだと言われています。１km移動するのに約15分かかる速度**ですね。**自転車に乗ると約15km/h**で、**１kmを約４分で移動できます。自動車の速度は、一般道で約40～60km/h、高速道路でも約80～100km/h**です。**これを１桁間違えて時速800km/hとしてしまうと、それはもはやジェット機の速度**です。

もちろん、算数の問題であれば、理論上の数値がそのまま正解になることがないとは言い切れません。しかし、あまりにも現実の感覚と食い違う答えが出てしまった場合には、計算ミスを疑ってみる価値があるでしょう。

たとえば、このような問題を解いているとしましょう。

問題　**容器Ａには15%の濃さの食塩水100gが、容器Ｂには６%の濃さの食塩水160gが入っています。容器Ａから20g、容器Ｂから20gの食塩水を同時に取り出し、容器Ｂから取り出した20gの食塩水を容器Ａの中に入れました。次に、容器Ａの食塩水に水を100g加えました。容器Ａの食塩水の濃さは何%になりましたか。**

答え

容器Ａには15%の食塩水80g、６%の食塩水20g、水100gが入るので、

(80×0.15＋20×0.06)÷(80＋20＋100)＝0.066　　6.6%

誤答

(80×0.15＋20×6)÷(80＋20＋100)＝0.66　　66%　**←ありえない！**

「現実的にありえない」とまでは言えなくても、感覚として「なんか違うな」と思えると、計算ミスを見過ごしにくくなります。「確率を求めたら18/25になったけど、こんなに頻繁に起こるわけないんだよな……」「お兄さんに追いつくのに10時間もかかることある？」という素朴な感覚が、ある種の検算の役割を果たすことになります。

中学受験・高校受験の社会と理科：グラフ読み取りのコツ

中学受験や高校受験の社会科・理科ではグラフを読み取る問題が多く出題されます。グラフを見たらまず共通して着目すべき点があります。

ここで使える！

・社会、理科のグラフを読み取る問題

» テクニックのコツ

中学受験や高校受験の社会科・理科では、いくつか見るべきポイントがあります。

①グラフのタイトル、縦軸と横軸、単位

グラフの形から「これがなんのグラフなのか」を考える問題では、グラフの縦軸と横軸、単位が大きなヒントになることがあります。かつて、産出量のグラフが複数並べられてそれぞれ「石炭」や「鉄鉱石」といった項目名を選択肢の中から選ぶ問題が出題されたことがあります。この問題では、ひとつのグラフの産出量の単位が「カラット」であったので、その時点で「宝石」であることがわかりました。

また、雨温図を比較する問題では、縦軸に表される気温や降水量の数字が「亜寒帯」「熱帯」などの定義と直接関係してきます。

②グラフ全体の形

大まかに右肩上がりなのか、それとも右肩下がりなのか、水平なのか。比例のグラフなのか、反比例のグラフなのか。0から始まっているのか、そうでないのか。具体的な問題に取り掛かる前に、グラフ全体の傾向を掴むことが大切です。

また、社会科では、人口動態のグラフの形や雨温図など、グラフの形そのものに大きな特徴があるグラフも多々あります。

理科では、中和のグラフが頻出です。縦軸・横軸ともにキリのいい数字の点を見つけ、比を読み解いていきましょう。さらに、どの時点でグラフが折れ曲がっているのか、すなわち「完全中和」しているのかを見つけることも重要です。

③変なポイント

一箇所だけ極端に高かったり低かったりするのもヒントになります。たとえば下の出生数の棒グラフでは、ある年だけが前後と比べて明らかに少なくなっているのがわかりますね。

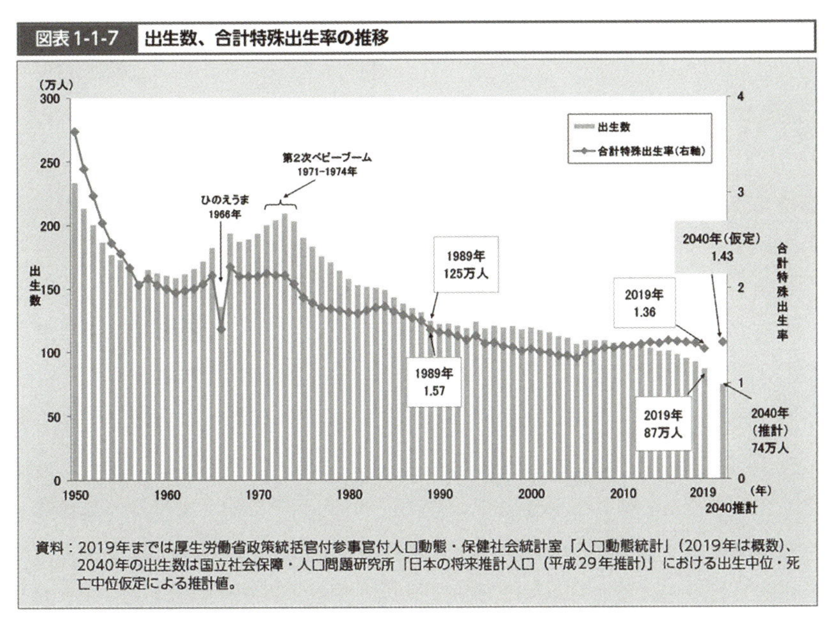

(出典: 厚生労働省https://www.mhlw.go.jp/stf/wp/hakusyo/kousei/19/backdata/01-01-01-07.html)

これは1966年、「丙午(ひのえうま)」の年です。かつて日本には「丙午の年に生まれた女性は男性を不幸にしてしまう」という科学的根拠のない俗説があり、産み控えが起きたのでした。ちなみに、「十干十二支（じっかんじゅうにし）」は60年で一周するので、次の「丙午」は2026年です。

では、次の問題を見てみましょう。

問題　**塩酸50cm³にさまざまな量の水酸化ナトリウム水溶液を加え、できた水溶液を蒸発させて残った物質の重さを調べたら、下の図のような結果となった。塩酸100cm³に水酸化ナトリウム水溶液160cm³を混ぜて水を蒸発させたとき、出てくる個体の重さは何gか。**

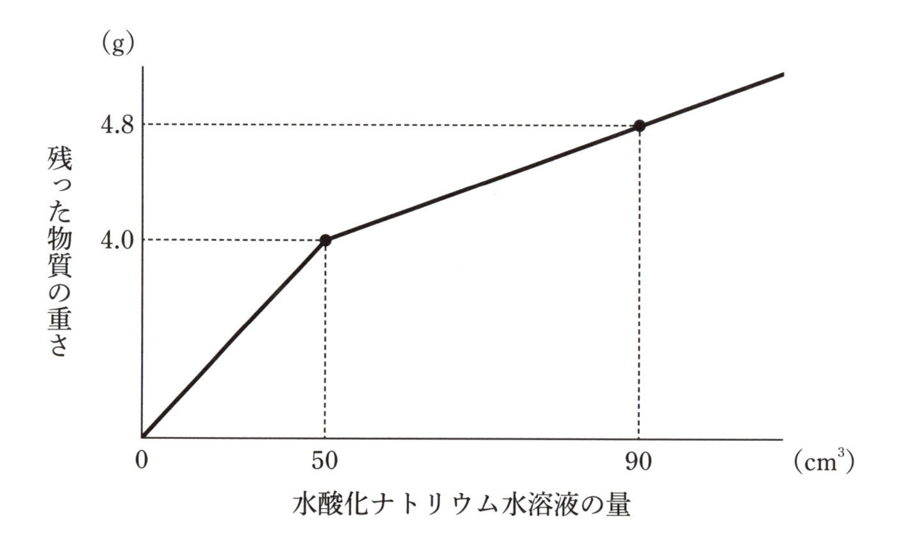

答え　グラフの折れ曲がりより、塩酸50cm³を完全に中和させるのに必要な水酸化ナトリウム水溶液は50cm³とわかります。これ以上加えたときに増加したぶんの重さは水酸化ナトリウムの重さなので、水酸化ナトリウム水溶液90(cm³)－50(cm³)＝40(cm³) に含まれる水酸化ナトリウムの重さは4.8(g)－4.0(g)＝0.8(g)とわかります。
グラフより、塩酸50cm³を完全に中和させるのに必要な水酸化ナトリウム水溶液は50cm³で、残る物質（食塩）の重さは4.0gとわかります。
ということで、塩酸100cm³を完全に中和させるのに必要な水酸化ナトリウム水溶液は$100cm^3$で、残る物質（食塩）の重さは8.0gとなります。
このとき、余った水酸化ナトリウム水溶液は$160-100=60cm^3$で、ここに含まれる水酸化ナトリウムの重さは$0.8(g)\div40(cm^3)\times60(cm^3)=1.2(g)$となるので、求める個体の重さは、$8.0(g)+1.2(g)=9.2(g)$ となります。

どんなグラフでも、最初にグラフのタイトル、縦軸と横軸を確認しましょう。グラフ全体の傾向を先に把握してから問題に取り組むことで、今考えていることがグラフ全体の中でどういう位置付けなのかを見失わずに解き進めることができます。

TOEICリスニング：放送前に内容を把握しよう

TOEICではリスニング問題の音源が１回しか放送されないので、１回で確実に内容を聞き取り、問題に答える必要があります。そのため、放送が始まる前に、問題を読んで内容を把握しておくことが重要です。

ここで使える！

・TOEICリスニングセクション

» テクニックのコツ

TOEIC®Listening＆Reading Testの問題構成は、下記のようになっています。全200問のうち、前半100問がリスニング、後半100問がリーディングとなっています。

Part1　写真描写問題（６問）
Part2　応答問題（25問）
Part3　会話問題（39問）
Part4　説明文問題（30問）
Part5　短文穴埋め問題（30問）
Part6　長文穴埋め問題（16問）
Part7　長文読解問題（54問）

TOEICの試験時間は約２時間で、そのうち約45分間がリスニングになります。45分間で100問ということは、平均すると１分間に２問以上のペースで出題されていることになります。

なぜこんなにも速いスピードでリスニング問題を出題することができるのでしょうか？

その理由は意外と単純で、TOEICのリスニング問題は「どの問題も１回しか放送されないから」です。みなさんが普段学校などで受ける英語のリスニング試験において、大抵の場合、音源は２回繰り返し放送されます。１回目になんとなく内容を掴み、２回目で細かい部分を聞く、という方法でリスニングの問題を解いている方も多いのではないでしょうか。

しかし、TOEICでは音源は一度しか放送されません。１回で内容を正確に聞き取り、問われていることに答えるためには、放送の前に問題の内容をあらかじめ把握しておくことが大切です。

ここでは、Part1～４のそれぞれの問題形式について、準備の仕方をお教えします。

Part1　写真描写問題（６問）

１枚の写真について、最も適切な描写をＡ～Ｄの選択肢から選ぶ問題です。この問題については、放送より前に写真を見ておくことが必須となります。このとき、まず人物の動きや特徴に注目し、「何をしている場面なのか」を確認します。複数の人物や物が写っている場面では、共通している動作や個々の動作に着目し、やはり全体としてどういう場面なのかを把握しておきましょう。

たとえば、TOEICサンプル問題　リスニングセレクションPart1 No.2（https://www.iibc-global.org/toeic/test/lr/about/format/sample01.html ※右の二次元コードから移行できます。）の写真は、女性がテレビの前で電源プラグをコンセントに差しています。（もしくは抜いているのかもしれません。）

実際にこの問題の正解の選択肢は、“A woman is plugging a power cord into an outlet.（女性が電源コードをコンセントに差し込んでいます。）”と、まさにそのままの説明をしています。

一方で誤答の選択肢には「女性が靴（a pair of shoes）を履いています。」「女性がテレビ画面のほこりを払って（is dusting）います。」など、写真には関係ない単語が出てきます。特に写真に写っていない名詞が聞き取れた選択肢は、誤答の選択肢である可能性が高いです。

Part2　応答問題（25問）

音声を聞いて、ひとつの質問に対して最も適切な応答をA～Cの選択肢から選ぶ問題です。この問題のポイントは、選ぶのが「応答」であるという点です。つまり、音声の「質問」に対する「解答」になっていなくても、それが会話の「応答」として適切なものであれば正解になりうるということです。質問に質問で返していたり、「わからない」という返事であったり、感想や意見を答えていたりしていても十分正解の可能性があるどころか、むしろ意外と正解になっていることが多いです。

たとえば、TOEICサンプル問題リスニングセクションPart2 No.9（https://www.iibc-global.org/toeic/test/lr/about/format/sample02.html ※右の二次元コードより移行できます）では、“Martin, are you driving to the client meeting?（マーティン、顧客との会議には車で行くの？）”という音声に対して、正解の選択肢は明確なYesでもNoでもなく、“Oh, would you like a ride?（ああ、あなたも乗って行きますか？）”となっています。

音声の質問に答えよう！　と意気込みすぎるのではなく、音声の人と自然な会話をするつもりで聞きましょう。

Part3　会話問題（39問）

2～3人の会話を聞いて、3つの質問に対してA～Dの選択肢で答える問題です。音源が1回しか聞けない以上、何について話しているのかわからないまま聞き流す余裕はありません。選択肢の情報や声のトーン、呼びかけの名前（職業や肩書きなどで呼びかけている場合があります）から、まず状況を把握することを最優先しましょう。

Part4　説明文問題（30問）

１人の話を聞き、３つの質問に対してＡ～Ｄの選択肢で答える問題です。アナウンスや留守番電話、スピーチなど、場面はさまざまですが、１人で淡々と喋ることに変わりはありません。落ち着いて話の展開を追いかけましょう。

TOEICリスニングセクションは一発勝負です。ある問題が解けなかったとしても、すぐに次の問題の音源が流れてしまうので、その問題を引きずってしまうと次の問題まで落としてしまいかねません。解けなかった問題はスパッと諦めて、落ち着いて次の問題に意識を向けましょう。

得点UP

TOEICリーディング：資料の形式を意識しよう

TOEICのリーディングセクションPart7では、資料を読んで答える問題が出題されます。資料の形式にはパターンがあり、問われる内容も大体一緒なので、効率的に情報を読み取りましょう。

ここで使える！

・TOEICリーディングセクション

» テクニックのコツ

TOEICリーディングセクションPart7では、資料を読んで答える問題が出題されます。ひとつの資料から数問ずつ出題され、4つの選択肢の中からもっとも適当なものを選んだり、新たな一文を挿入するのにもっとも適当な箇所を選んだりします。出題される資料の形式は意外とパターンが決まっていて、問題文の「refer to the following ○○.」の「○○」の部分で次の資料が何であるかがわかります。

・advertisement（広告、商品紹介）

まず多いのが、お店の広告やチラシです。中古車の売買や水道などの修理、新店舗のオープンイベントなどです。開店時間や電話番号が書いてあることも多いです。商品やサービスの紹介では、いくらで何ができるのかが問われることもあります。料金表が添えられている場合、計算が必要なこともあります。

・article（記事）

テキストが上下線や枠で囲まれているときは、新聞や雑誌の記事として読みましょう。誰かが偉業を成し遂げたとか、人気のレストランが新店舗をオープンするとか、何かしらのポジティブなニュースが載っていることがほとんどです。人物の出身地や経歴、出来事など、書かれている事実を的確に押さえましょう。

・e-mail（メール）

資料がメールの場合、書かれている内容から、まずは「どの立場からどの立場へのメールなのか」を把握することが大切です。たとえば同じキャンセルの連絡でも、上司から部下へ、招待客から主催者へ、患者から医者へではまったく意味が変わってきますので、送信者と受信者の関係性を意識しましょう。そのうえで、メールでは「受信者は何をすべきか」が問われることもあります。

・text message chain（メッセージのやりとり）

SNSのDMのような、短文メッセージのやりとりです。資料がスマホの形の枠に囲まれています。この形式では基本的に会話として読み解けばよいので、メールと同様、登場人物同士の関係性を探りながら読みましょう。

・information（注意書き）

このパターンでは、まずそれが何に関する注意書きなのかを把握しましょう。資料の最後に掲載主の名前が書いてあることも多いので、手がかりになるかもしれません。図書館での飲食禁止や、何らかの手順が指示されていることもあります。

TOEICのリーディングセクションは時間との勝負です。資料を見て面食らっている時間はありませんので、ぱっと見でその資料が何であるかを判断し、どのようなことが書いてあるかイメージできた状態で即座に問題に取り掛かりましょう。

英検：スピーカーに近い席に座ろう

英検のリスニング音源は、監督が教室に持ち込むスピーカーから再生されることが多いです。内容を少しでも聞き取りやすくするため、スピーカーに近い席に座りましょう。

ここで使える！

・英検の入室時、座席選びのタイミング

» テクニックのコツ

英検を受ける際、どの席に座るかは自分で選べるってご存じでしたか？英検の座席は最初から決められているわけではなく、受検教室に入ったら、空いている席の中から自分の好きな席に座ることができます。

どこの座席に座ったからといって試験の内容が変わることはないのですが、座席によって大きく影響を受けるのが、「リスニング音源の聞こえ方」です。英検のリスニング音源は受検教室に試験監督が持ち込んだスピーカーから流れる場合が多く、教室に人がたくさんいて自分の席がスピーカーから離れていると、問題用紙をめくったり鉛筆でマークシートを塗りつぶしたりする音に紛れてしまいリスニング音源が聞こえにくいことがあります。

スピーカーが置かれる場所は教室の前方であることが多いので、入室したら基本的には教室前方の、スピーカーが置かれそうな位置の近くに座るとよいでしょう。まれに、教室前方にはスピーカーを置くところがないなどの都合で、教室後方にスピーカーが置かれることもあります。

席を選ぶためにはなるべく早めに入室することが肝要ですが、多くの場合は監督が入室するタイミングでスピーカーを持ち込みますので、あまりに早く会場に到着して監督より前に入室してしまうと、あとから入ってきた監督が自分の席から離れた場所にスピーカーを置くことがあります。早く行くのもほどほどにするとよいでしょう。大体30分前が目安です。

もちろん、スピーカーから離れた席に座ったからといって、音源が聞こえないということは基本的にはありません。あまりに聞き取りにくければ監督に申し出ましょう。あくまで「スピーカーの近くに座れたらラッキー！」という気持ちで試験に臨みましょう。

英語試験のライティング問題：4つのポイントをチェックしよう

英語ライティングの問題はいろんな試験で頻出になってきています。そしてそのほとんどは減点法なので、英語としての間違いがないかどうか確認をする必要があります。

ここで使える！

- **英語資格試験や大学入試の英語試験でライティング問題が課せられる場合**

» テクニックのコツ

自分の書いた英文が本当に正しいのかをチェックするために、以下の4点をチェックするようにしましょう。

①「3単現と品詞」

3単現は、〈三人称〉〈単数〉〈現在形〉の3つをひとまとめにした表現です。主語が〈三人称〉かつ〈単数〉で、動詞の時制が〈現在形〉の状態になると、「s」を付けなければならないというルールのことを指して、〈3単現〉と言います。

たとえば、「He play the piano」は間違いで「He plays the piano」になります。

これ、結構簡単だと思って油断する人が多いのですが、たとえば「Studying abroad lead to improve English skill」という表現の間違いを指摘できますか？「Studying abroad（留学）」が〈三人称〉〈単数〉〈現在形〉なので、「leads」になりますね。このように、結構ミスが発生するので注意が必要です。

そしてこれをきちんと理解するためには、品詞も考えてみるようにしましょう。名詞なのか動詞なのか、副詞なのか形容詞なのか、そういった品詞のミスもありますので、覚えておきましょう。

②時制の一致

文章の中で、時制がしっかりと統一されているのかは確認が必要です。

たとえば、次の文を見てください。

She told me that she wanted to go shopping. So I think that she will go shopping yesterday.

これは間違いです。「yesterday（＝昨日）」は過去なのに、「think（＝考える）」と現在の話をしてしまっています。それに、最初が過去なのに、次の文が現在になってしまっていて、いつの話をしているのか全然わかりません。

この程度であればわかるかもしれませんが、これに大過去や直接法・仮定法が絡んでくると、もっと難しくなります。

「私は２週間前に買ったペンをなくしてしまった」
I lost the pen which I had bought two weeks ago.

なくしてしまった時期よりももっと前の「２週間前」を表すために、「had bought」と過去完了形を使って表現しているわけです。ここでもし「bought」だったら、ちょっと話が通らなくなってしまいます。このようにしっかりと時制を確認しながら問題を解く必要があるわけですね。

③紛らわしい表現

英語には、紛らわしい表現がいくつもあります。

「借りる＝borrow」と「貸す＝lend」
「着る＝put on」と「着ている＝wear」
「横にする＝lay」と「横たわる＝lie」

などなど。これらをしっかりと見分ける必要があると言えます。

④内容の説明不足

「世界中のみんなが人の心を読めるようになったらどうなると思いますか？」

「世界平和が訪れると思う。なぜなら嘘がつけなくなるからだ」

と解答していたとして「なんで嘘がつけない→世界平和になるの？」と思いますよね。このように、しばしば説明不足で減点されることがあります。これも回避するようにしましょう。

たとえば、次の問題ではどうでしょうか？

問題　「都会に住むほうがよい」という英作文を書いているときに、下記のような英文を作った。間違いを指摘しなさい。

We have many opportunities because the city have many univercities, job opportunities, and hospitals. If you could have wanted to be a dentist in your childhood, you must enter University where you can learn dentistry. But there may not be a college in the rural area.

We have many opportunities because ①the city has many ②universities, job opportunities, and hospitals. ③If you want to be a dentist, you must ④go to University where you can learn dentistry. ⑤However, there may not be a college in the rural area.

1）the city have

今回お話ししているのは複数の街ではなくてひとつの街のお話ですよね。主語「the city」は三人称・単数・現在なので「have」ではなく「has」を使います。後ろの「universities」が複数形なのですが“主語”は単数形なので3単現のｓを付けましょう。

2）univercitiesのつづり

この英単語、英単語自体はわかったけどつづり間違えたという人も多いと思います。

正しくはuniversities（単数形university）です。

3）If you could have wanted to be a dentist in your childhood

時を表すifの中では現在形で表します。「could have 過去分詞」で「〜したかったのに（しなかった）」という意味になりますが、元の文はこの「could have 過去分詞」の後ろに「in your childhood（子供時代に）」が加えられた形をしています。この文章を直訳すると「もし小さいころ歯医者になりたかったなら（なれなかった）」という意味になります。日本語訳につられてはいけません。時を表すifの中では必ず現在形を用います。

4）enterの使い方

「enter」「go to」どちらも日本語に訳すと「行く」という意味になりますが、この２つの英単語の意味は少し異なります。

「enter」は物理的にその場に行くという意味合いです。そのためこの文章で用いると「大学の敷地内に行く」という意味になってしまいます。これでは大学に“行く（進学する）”という意味と少しずれてしまいますね。対して、「go to」は進学するという意味で使えます。

5）Butの使い方

「しかし」と言ってまず真っ先に思いつくのは「But」ですよね。

「But」はここでは接続詞として使っています（使おうとしています）。しかし接続詞だけでは文章として成り立ちません。接続詞を用いるときは必ず接続詞が無い文章と併せて用います。そのため「But」は使えないです。

代わりに「However,」を用います。However,このカンマがとても大切です。カンマはここで文章が一区切りということを示します。そのためHoweverの後ろが文章として成り立つのです。

共通テスト：「目印」をつけて間違いを減らそう

共通テストの社会や理科、数学の中には自分が受験では使わない教科が含まれていますが、それを間違えて解いてしまう人が多いです。
試験を開始したらすぐに解かないものに大きいバツ印をつけたり、問題をざっと塗りつぶしておくといいです。

ここで使える！

- **共通テストで自分が使わない教科も問題冊子の中に含まれているとき**

» テクニックのコツ

共通テストでは、自分が受験では使わない教科も含めた冊子が配られている場合があります。しかも、「数Ⅰと数ⅠA」「数Ⅱと数ⅡB」のように、本当に紛らわしいものがあります（多くの人が受けるのは数ⅠA・数ⅡB）。そして問題を間違えると、当たり前ですが、本当に0点になってしまいます。

テスト本番になると、周りの環境も違うし、自分の合否が少なからず関わっているため緊張してしまいがちです。そんなときこそ絶対にしてはいけないミスは「違う教科を解いてしまうこと」です。

そんなミスはしないだろうと思っていてもミスをしてしまうのが人間です。数Ⅰと数ⅠAはこれからの模試で一回は間違えるほどわかりにくいものになっています。

こんなミスで0点になることを防ぐために、まず試験が始まったら自分が解かない教科のページに大きくバツ印など、わかりやすい印をつけるといいでしょう。そうすることで解き直しを行う際にページを多くめくってしまってもわかりやすい印が付いているため、すぐに元々解くはずだったページに戻ることができます。

バツ印の他に、

・教科名を黒く塗りつぶしておく
・「ここは解くな！！」と書いておく
・解かない問題のページを折っておく

などがあります。

要注意！　間違えやすい教科

数学の場合：「数Ⅰと数ⅠA」、「数Ⅱと数ⅡB」
理科の場合：「物理と物理基礎」、「化学と化学基礎」など
社会の場合：「世界史Ａと世界史Ｂ」、「日本史Ａと日本史Ｂ」など

テスト本番で緊張することは仕方のないことです。しかし、緊張ゆえのミスで０点をとってしまうのは避けるべきです。このテクニックは、いくら緊張していてもミスに気づける確率をグンとあげてくれるはずですし、そもそもミス自体を減らすことが可能です。共通テスト以外でも使えるテクニックなのでどんどん活用していきましょう。

共通テスト：問題先取りテクニック

共通テストにおいて、理科や社会など、２教科を選択して問題を解くときに、早く終わる教科を先に終わらせて、もうひとつの教科をその時間に早めに解くというものがあります。

ここで使える！

・共通テストで、理科や社会など２教科選択する教科があったとき

» テクニックのコツ

理科や社会などのうち、さらに細かい科目はすべて平等に得意というわけではないでしょう。おそらく「物理は得意だけど化学は苦手……」「世界史のほうが日本史に比べて早く解ける」などいろいろあることでしょう。そんなときに共通テストで使えるテクニックを紹介します。

ズバリ、「**問題先取りテクニック**」です。どういうことかというと、たとえば理系の場合、理科が２科目あるのですが、**最初の試験時間に１教科目を早めに終わらせてしまい、２教科目に取り組んでしまう**というものです。

どうしてそのようなことができるのかというと、理科や社会は問題用紙にまとめていろいろな科目が含まれているからです。１教科目が早めに終わったら、２教科目の問題用紙に答えをメモしておきましょう。そうすることで２教科目の点数を格段に上げることができます。

ただし、間違えて１教科目の解答用紙に記入してしまわないように注意です！　よく気をつけてください。そして、１教科目を早く終わらせようとするあまり、ケアレスミスが多くなり、点数が低くなってしまわないようにすることにも注意しましょう。

理系選択の場合、物理の問題数が少ないため物理から解き始めるのがおすすめです。**逆に化学は計算に時間がかかったりするので２教科目にするのがよいでしょう**。また、**文系選択の場合、覚えるだけでそこまで資料読解を必要としない世界史を１教科目にするのがおすすめ**です。**逆に地理や日本史など、資料をよく読んで思考しなければならない教科は２教科目にするとよいでしょう**。

共通テストでは、いかに多くの点数を取るかが重要な人がかなり多いと思います。こうしたテクニックを使うか使わないかで点数は大きく変わっていきます。共通テストは工夫次第でたくさんの点数が取れます。ぜひこのテクニックを活用してくださいね。応援しています。

大学入試で同じ問題が!?

2024年２月25日の国公立大学の入試で、ある事件が起こりました。

埼玉大学の入試問題で、なんと2022年度とほとんど同じ問題が出題されたのです。

英語の第３問・自由英作文の問題なのですが、問題文が2022年度とほとんど同じなのです。試験会場で解いていたという受験生は「まさかと思って、自分の問題文だけ２年前のプリントの残りが出されたんじゃないかと心配だった」と話していました。

埼玉大学だけではなく、過去にも似たような事例はありました。東京大学の日本史の問題で、以下のような問題が1983年に出題されたことがあったのです。

「次の文章は、数年前の東京大学入学試験における、日本史の設問の一部と、その際、受験生が書いた答案の一例である。当時、日本史を受験した多くのものが、これと同じような答案を提出したが、採点にあたっては、低い評点しか与えられなかった。なぜ低い評点しか与えられなかったかを考え、設問に対する新しい解答を５行以内で記せ。」

同じ問題に対する答えを書かせる、という点では、埼玉大学の問題と同じですね。ご丁寧に「採点にあたって低い評点を与えた答案」が添付されていて、すごい問題だなぁと思ったものです。

埼玉大学の入試要項には、『本学は、「入試過去問題活用宣言」に参加しており、個別学力検査において、本学だけでなく「入試過去問題活用宣言」参加校の過去問題を利用する場合がある。』との記載があります。そういったこともするよ、というのは事前に書かれていたわけですね。

このことからも、やはり過去問の勉強はとても大事だと言えると思います。過去の問題にどう受験生が向き合ったのかをデータ化して新しい試験を作っていて、「この問題の出来が悪かったから今年はここを出そう」みたいなことは、どの試験でも行われていることです。

ぜひ、過去問と向き合う勉強を継続していただければと思います。

5章

緊張しない！
「テスト当日」のテクニック

ルーティンを作ろう

毎日決まったタイミングで決まった動作を繰り返すことで、いつもどおりの自分を演出することができ、緊張しがちな試験前に平常心を取り戻すことができます。

ここで使える！

・試験が始まる前など

» テクニックのコツ

みなさんは「**ルーティン**」という言葉を知っていますか？　これは、「決まり切った動作」と日本語訳される言葉なのですが、いつでもだれでも実行できる割に、とても効果が見込める習慣なんです！

たとえば、元プロ野球選手のイチロー選手が、バッターボックスに入るとき、少し袖をまくって、バットを投手の方向に掲げてからバッティングフォームに入ることをご存じでしょうか？　もしくは、サッカー選手のクリスティアーノ・ロナウド選手がフリーキックの直前に大股で５歩下がり、仁王立ちになってから大きく息を吐いて、キックの動作に入るのも、実はルーティン。これらは、**一連の動作をきっかけにして、「いつもの自分」の精神状態を呼び覚ますことが目的**とされています。

そのために、**ルーティンは毎日繰り返すことが必要**です。本番だけやっても意味はありません。毎日、練習の段階で、必ず一連の動作を行う。先述のイチロー選手やロナウド選手も、練習のときからそれぞれのルーティンを行っているはずです。

そうすることによって、練習時の「いつもの自分」の精神状態を脳に登録しておく必要があるからです。逆に言えば、いつも繰り返していなければ、とっさのときにルーティンを行っても、参照される「いつもの自分」がないため、冷静さを取り戻すことはできません。

もちろんこれはスポーツ選手以外にも応用が利きます。たとえば、私は勉強を始める前に「目をつぶって、机の上に手を置いて、３回深呼吸をする」ことをルーティンに設定していました。これによって、なかなか集中できない勉強し始めにも一気に深い集中力を得ることができましたし、試験本番にも、まったく緊張しないで問題を解き進めることができました。

ルーティンは、いきなり深い集中状態に入ることができる技術です。さまざまなことに応用ができますし、どんなことでもルーティンになりうる自由度の高さもあります。**ただし、試験本番の数カ月前くらいから準備をしなければ、効力がないことにも注意してください**。前準備が重要ということですね。

東大生のルーティン

- トイレで鏡を見て自分の姿を確認する
  →自分の姿を客観視する効果がある
- 周囲の人を観察し、その人の人生を想像する
  →自分のことではなく、他人のことを想像し、気分を落ち着かせる
- 決まった音楽（モーツァルト）を流して聞く
- 決まったお菓子を食べる
  →いつもと同じことをして精神を安定させる

問題を解く時間と順番を決めよう

過去問を解く際には、どの問題で何分間使うかと、解く順番を決めておきましょう。

ここで使える！

・テストの本番に備えて過去問を解くとき

» テクニックのコツ

テストの本番に備えて行うべきなのが、過去問演習。過去に実際に出題された問題を解くことで、試験本番へのイメージを高めます。

このとき、必ず決めてほしいことがあります。それは、「**どの問題で何分間使うか**」と「**解く順番**」です。

各問題で使う時間を決めておくことは、非常に重要です。これを設定しておかないと、すべての計画が崩れてしまう可能性があるからです。

想像してみてください。あなたは試験会場で試験問題を解いています。1問目、2問目は順調に解いていきましたが、3問目になって難問に突き当たってしまった。10分考えても、20分考えても、答えが出ない。なんとか45分かけて解き終わったものの、想定の3倍の時間をかけてしまった。このペースでは、終わりまで解き終わることができない……。

試験で重要なのは、合格点を取ることです。**そのためには、全問を正解する必要はありません**。合格に必要なだけ、点数が取れればいいのです。

簡単な問題から得点しても、難問から得点しても、配点が同じなら、価値は同じです。ですから、**「取れるところから取る」を基本スタンスにする必要があります**。

つまり、**解けない問題は相手にする必要がない**のです。そう考えると、例に出した「難問に突き当たってしまった」状況は、好ましくないことだとおわかりいただけるでしょうか。難問に時間をかけて全体のペース配分がおかしくなってしまうのであれば、その問題を捨てて、次の問題に行ったほうが、得点が高くなるかもしれません。

では、どのタイミングで問題を切り捨てるべきか。これは、時間で管理するといいでしょう。すなわち、**「この問題は10分だけ使う」のように決めておいて、その時間内に必ず解き終わるように調整する。そうして、全体の問題を解き終わるように、自分のペースを決めておく**のです。

同じように、解く順番についても決めておくのがよいでしょう。比較的簡単な文法問題は後回しにして、時間のかかりそうな文章問題を最初に解くなど、有効な戦略を立てれば、得点も上がっていきます。

東大受験生の多くは、入試で各大問での目標得点と、かけてよい時間、解く順番を決めていました。私の場合は英文法が苦手だったので、１分以内に適当に解いて、浮いた時間を自由英作文や和文英訳などにつぎ込みました。英文法分野ではまったく得点できなくてもいいから、その代わり、確実に記述問題で点数を取りに行く、なんて具合に考えていくほうがいいと思います。

過去問を解くのであれば、そのついでに「各問題にかける時間」と「解く順番」を決めておくといいでしょう。試験本番でパニックにならないような仕組みを作っておくことが重要です。

「テスト当日」を想定しよう

テスト本番に行うであろう生活をそのまま再現してみるというもの。そうすることで当日にいつもの実力を発揮しやすくなります。

・テスト前日や一日中何も予定がない日

» テクニックのコツ

突然ですが質問です。

「自分が受けようとしている試験は、何時から始まって何時に終わるか知ってる？」

この質問に答えられないということは、試験当日にどのようなタイムスケジュールで動くかどうかを想定しきれていないということですね。それでは試験当日、非日常感を目の当たりにしてかなり緊張してしまいます。

そこで、数日でもいいのでテスト本番と同じ生活を送ってみましょう。当たり前なのですが、人間はいつもの日常には緊張しません。何が言いたいのかというと、「**試験当日のタイムスケジュールを何回も経験することで、試験当日を日常化してしまう**」のです。

朝何時に起きて何時に試験会場に着く予定で、何時間勉強するのかを決めておきましょう。できれば、当日と同じスケジュールで模擬テストをしてみるのもいいでしょう。

共通テストを例に挙げます。特に理系の生徒を考えましょう。

たとえば、共通テストのはじめに午前10時40分に社会を受けることになったとします。したがって、まずその時間内に着くように交通手段を調べます。このとき、実際に会場に行ってみるのもいいでしょう。また、交通手段はいくつか用意しておくといいです。なぜなら当日に特定の交通機関が使えなくなる場合があるからです。なるべく当日は想定内に収まるようにしましょう。そして家を出る時間を考え、起きる時間を考えます。このようにして当日のスケジュールを立てましょう。そうしたらあとは実践するのみです。たくさん実践するのがいいので今からでも始めてみましょう！

テスト当日を想定して
スケジュールを書いてみよう！

時間	やること
例）6:30	起床

テスト前夜は焦って詰め込むより精神を落ち着けて、早く寝る！

テスト前夜は、自分を信じて寝る！

ここで使える！

・テスト前夜。不安にかられ、とりあえず詰め込もうとしてしまったとき

» テクニックのコツ

試験前日、誰もが緊張や不安を感じるものです。試験前夜になると、「もっと勉強しておけばよかった」「まだ覚えなければならないことがあるのではないか」と焦り、最後の詰め込みをしようとする人も少なくありません。しかし、試験直前に焦って詰め込むよりも、精神を落ち着けて、早めに寝ることが大切です。ここでは、試験当日に向けた心構えと過ごし方について考えてみましょう。

まず大切なのは、自分がこれまでやってきた努力を信じること。試験勉強は一朝一夕で成果が出るものではありません。長期間にわたって計画的に学習を進めてきたはずです。その積み重ねが今の自分を支えていることを忘れないでください。**焦って詰め込むことよりも、自分の努力を信じ、自信を持つことが何よりも大切**なのです。

試験直前に「どうしても詰め込まなければ」と感じる場合、それは準備が不十分だったことを意味します。試験は日々の学習の成果を試す場です。直前になって焦ることなく、計画的に学習を進めてきた人は、当日、余裕を持って試験に臨むことができます。試験前夜に焦って詰め込みをすることは、逆に不安を増大させる原因となります。

試験当日に必要な知識や技術は、日々の学習の中でしっかりと身についているはずです。その自信を持って、リラックスして休息をとることが重要です。特に試験前夜には、早めに寝て十分な睡眠を確保することで、翌日の試験に向けて最高のコンディションを保つことができます。睡眠不足や疲れが溜まった状態では、集中力や判断力が低下し、本来の力を発揮できなくなるのは目に見えているでしょう。

繰り返しになりますが、とにかく自信を持つことが重要です。「自分はできる」と信じて眠りにつくことで、ポジティブな気持ちで試験に臨むことができます。**「自分は誰よりもできる」と暗示をかけるくらいでちょうどよい**のです。自信を持って臨むことで、試験中の緊張や不安も軽減され、落ち着いて問題に取り組むことができます。

試験前夜には、これまでの自分の努力を振り返り、頑張ってきた自分を自分で激励しましょう。試験勉強に費やした時間と努力は、必ずあなたの成長につながっています。その成長を感じ、自信を持って試験に臨むことが、最高の結果をもたらす鍵です。焦らずに、深呼吸してリラックス。十分な睡眠をとり、最高の状態で試験当日を迎えましょう。自分を信じて、頑張ってください。

「ファイナルペーパー」を作ろう

「ファイナルペーパー＝直前に見る紙」を事前に用意しておくことで、自分の苦手に特化したポイントを短時間で振り返ることができるようになります。

ここで使える！

・さまざまなテストの直前。定期テスト当日の朝や、直前の休み時間

» テクニックのコツ

テスト当日の朝や、テスト前の休み時間は、少しでも多くのことを復習しようと必死になりますよね。そんな直前の時間を、何を使ってどのように過ごしていますか？

有効な方法が、**「ファイナルペーパー＝直前に見る紙」を作っておく**ことです。「教科書やノートじゃダメなの？」と思うかもしれませんが、これは「ペーパーを作る過程で、自分の苦手分野の復習ができるようになる」という意味があります。それに、教科書やノートにはまとまっていない「自分だけの苦手」な部分だけを、教科書よりも圧倒的に少ない枚数でまとめたものができるという利点があります。見るものが少なければ少ないほど、反復する回数は増えます。

では、「ファイナルペーパー」には具体的に何を書けばよいのでしょうか。

基本的に、書く情報は最小限に抑えましょう。たくさん書きたくなってしまう気持ちはわかりますが、情報が多くなりすぎてはわざわざ紙を作る意味がなくなってしまいます。逆に言えば、本当に不安な箇所はＡ４の紙数枚で収まるくらいには、それまでの勉強で仕上げておきましょう。不安な用語や公式など、一目で復習できる内容を簡潔に集めておくとよいでしょう。ただ見ていても頭に入ってこないという人は、赤シートで隠せるように赤ペンを使って紙を作るのもおすすめです。

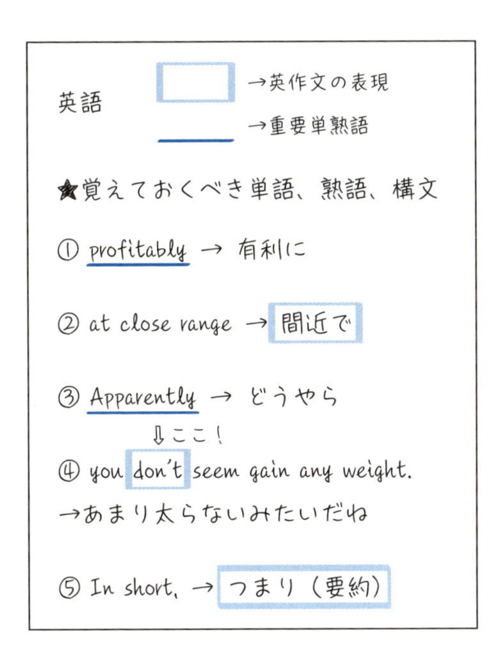

当日の持ち物に気をつけよう

試験に臨むにあたり万全の体調になっているように、自分の環境を作ります。寒すぎたり暑すぎたりしないように気をつけましょう。

ここで使える！

・試験前日の持ち物チェック時

» テクニックのコツ

試験に臨む際に気をつけるべきは、勉強のことばかりではありません。当日の体調や、服装などについても気を使う必要があります。

たとえば、試験会場に向かう際の服装は、いわゆる「勝負服」を避けるべきです。そうではなくて、いつも通りの服装を心がけましょう。特に、普段勉強しているときに着ていた服であればさらによいです。なぜならば、平常時の自分で試験を受けることが重要だからです。いつも通りの自分を引き出すためには、「特別な日」だと意識してはいけません。大学受験の場であれば、制服を着ていくとか、資格試験の場ならスーツを着ていくとか、いつも自分が着ている服を選ぶようにすると、より平常心を引き出しやすくなります。

同じように、試験当日に持っていくべき持ち物にも注意すべきです。**受験票や筆記用具は当然として、一般的に「持ってくるべき持ち物リスト」には記載されていないものに気をつけましょう。**

もしかしたら、試験会場はとても寒いかもしれません。実際に、私が東京大学を受験したときは広い講堂の一番端っこの席に配置されたので、隙間風がひどく、とても冷えた記憶があります。ですから、着脱が可能な恰好を意識するとか、ブランケットのような防寒具を持っていくことが推奨されます。

または、いきなり体調が悪くなってしまうかもしれません。特に、「おなかが痛くなった」という体験は、多くの受験生が経験しています。ですが、受験会場のトイレは、受験生の人数に対して足りていないことがほとんど。だからこそ、即効性の下痢止めなどを持っていくといいかもしれません。あるいは、唇や目が乾燥して不快になるケースも考えられます。これらを防ぐのであれば、目薬やリップクリームを携帯しておくといいでしょう。

さらに、試験会場で小腹がすいてしまうことも「受験あるある」です。長丁場の試験になるのであれば、小分けの袋になっているチョコレートなど、おやつを持っていくべきです。

このように注意すべきポイントは多数あります。受験会場で自分が万全の体調でいられるように、どんな状況にも対応できる装備をしていきましょう。

持っていくべきものリスト

・ブランケット（防寒対策のため）

・下痢止め（急病時対策）

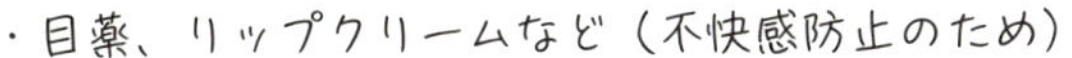
・目薬、リップクリームなど（不快感防止のため）

・小分けになっているチョコレート（即効性の糖分補給食）

これらの持ち物を使いこなして、万全の体調で試験に臨みましょう！

文房具の準備：
Hの鉛筆より２Ｂの鉛筆を

文房具の準備は試験当日の安心感と集中力を高め、道具の不備によるパニックを防ぎます。普段と同じ環境を整えることで実力を発揮しやすくなり、よりよい試験結果を得るための土台になります。

ここで使える！

- **模試、入試本番の前日**
- **共通テストをはじめとしたマーク試験**

» テクニックのコツ

試験や模試の成功には事前の準備が欠かせません。その中でも文房具の準備は非常に重要です。普段と同じ文房具を使うことでメンタルが安定し、普段どおりに、そして予想外のトラブルも未然に防ぐことができるのです。

まず、文房具を揃えておくことはメンタル準備の一環といえるでしょう。必要な文房具が整っていることで、試験当日に焦ることなく自信を持って試験に臨むことができます。これは試験内容に集中するためにも非常に重要です。文房具が準備されていないと試験中に不安が生じ、集中力が欠けてしまいます。

さらに、適切な文房具を使用することで、正確な解答につながります。たとえば、**共通テストをはじめとしたマークシートの試験では、Hの鉛筆よりも2Bの鉛筆を使用することが重要**です。2Bの鉛筆はHの鉛筆よりも濃く、速く塗りつぶすことができるからです。また、**尖っている鉛筆よりも、少し先が丸くなっているもののほうがマークシートを効率よく塗りつぶせます**。このように適切な道具を使うことで、機械が正しく読み取ることができます。

記述式の際も採点者が読みやすい、はっきりとした解答が書けるようになります。

トラブル＆パニックの予防も文房具の準備の大きなメリットです。鉛筆が折れたり、シャーペンが詰まったりして途中で使えなくなった場合に備えて、予備を持っておくことで実際に壊れたとき、「どうしよう！！」とパニックになることを未然に防ぐことができます。事前に文房具の機能チェックをしておくことで、予期せぬ不具合を避けることができるのです。

文房具の準備は、試験へのモチベーション向上にもつながります。整った環境で試験に臨むことができると、試験に対するモチベーションが高まります。また文房具をきちんと準備することは、自己管理能力ができるということ。逆もまたしかりです。日ごろから、勉強に使う道具を整えることは、試験だけでなく日常生活にもよい影響があります。

試験にもっていくべき文房具例

シャーペン（２Ｂ）×３
鉛筆（２Ｂ）×３
消しゴム×２
替え芯（２Ｂ）
鉛筆削り

普段から使い慣れた文房具を揃えることで、試験当日にメンタルを安定させることができます。道具の不備でパニックになることもなく、万全の準備をすることで実力を出し切るための土台を固めるのです。事前の文房具準備は、安心感と集中力をもたらし、よりよい試験結果を導く鍵となるのです。

軽い運動とストレッチで視野を広げよう

試験当日の緊張を和らげるために、適度な運動や軽いストレッチを取り入れましょう。これにより、心身がリラックスし、集中力とパフォーマンスが向上します。

ここで使える！

・当日緊張でガチガチなとき

» テクニックのコツ

試験当日緊張が視野を狭め、集中力やパフォーマンスに悪影響を及ぼすことがあります。しかし、適度な運動や軽いストレッチを取り入れることで、その緊張をほぐし、心身ともにリラックスすることができます。ここでは、その具体的な方法について紹介します。

まず適度な運動の重要性について考えてみましょう。運動は体だけでなく、心にもいい影響を与えます。たとえば散歩や軽いジョギング、ヨガなどが効果的。これらの運動は血行を促進し、筋肉の緊張を和らげるだけでなく、リフレッシュ効果もあります。試験のことだけに集中していた頭を解放し、新たな気持ちで勉強に取り組むことができます。

次に、簡単にできるストレッチを紹介します。ストレッチは、筋肉の緊張をほぐし、柔軟性を高める効果があります。試験前に行うと、リラックスして集中力を高めることができます。まず、深呼吸をしながら肩をゆっくりとまわしてみましょう。肩を前に10回、後ろに10回まわすことで、肩周りの緊張がほぐれます。

また、首のストレッチもおすすめです。首をゆっくりと左右に傾け、それぞれの方向で10秒間キープします。首や肩の緊張が和らぎ、頭がすっきりとします。

場所を取らずに手軽にできる腕のストレッチも試してみてください。片腕を前に伸ばし、反対の手で伸ばしたほうの指を軽く引っ張るようにして伸ばします。左右それぞれの腕で行い、10秒ずつキープします。腕を伸ばすときには、肘を曲げずにまっすぐに保ちます。これを行うことで、腕や手首の緊張がほぐれ、リラックスできます。

ただし、運動やマッサージをやりすぎてしまうと、逆効果に。激しい運動を行うと体力を消耗し、試験中に疲れが出てしまいます。また、過度なマッサージも筋肉を痛める原因となる可能性があります。なので適度な運動やマッサージを心掛けることが大切です。自分の体調や状態に合わせて、無理のない範囲で行うようにしましょう。

会場に着いて真っ先に確認すべきこと

試験会場に着いたら、座席番号と会場配置、トイレの位置を確認し、受験票と身分証をチェックします。深呼吸をして心を落ち着かせ、準備万端で試験に臨みましょう。

ここで使える！

・テスト前日のシミュレーション、テスト当日

» テクニックのコツ

試験の本番は誰にとっても緊張の瞬間です。準備を万全にしてきたとしても、会場に着いたときに何を確認し、何をすべきかを把握しているとさらに安心です。ここでは試験会場に着いたら真っ先に確認するべきことと、したほうがいいことを具体的に説明します。

まず、**会場に着いたら真っ先に確認するべきことは、座席番号と試験会場の配置**です。**受験票や案内図を見て、自分の座席がどこにあるのかを把握しましょう**。これにより、試験開始前に慌てることなく、スムーズに座席に着くことができます。特に大規模な試験では、会場が広く複雑な場合が多々あります。ギリギリではなく、早めに到着して確認することが大切です。

次に、**トイレの位置を確認しておきましょう**。試験前に緊張するとトイレに行きたくなる経験はありませんか？　トイレの位置を把握しておくことで、試験前に余裕を持って行動でき、安心感が増します。**試験中にトイレに行きたくなると集中力が削がれるので、行きたいと思わなくても、とりあえず事前に行くのがおすすめ**です。

試験開始前に、受験票や身分証の確認も忘れずに行いましょう。これらの書類がないと試験を受けられないこともあるので、必ず手元にあることを確認してから家を出てください。もし忘れてしまったら、すぐに試験監督に確認しましょう。場合によってはあとからの提出などで対応してもらえることもあります。受験票には座席番号や試験のスケジュールが記載されていることが多いので、確認しやすい場所に置いておくと便利です。

最後に、会場に着いたら深呼吸をして、心を落ち着かせることが大切です。今まで自分が積み重ねた努力を発揮するために、深呼吸をすることで緊張を和らげ、集中力を高めましょう。試験前に少し時間を取って、自分自身をリラックスさせることで、心身ともにベストな状態で試験に臨むことができます。

座席番号と試験会場の配置を把握する

↓

トイレの位置を把握し、事前に行っておく

↓

受験票、身分証明書をチェックする

↓

深呼吸して、リラックスする

試験会場に着いたあとの行動は、試験本番で最大限の力を発揮するための重要なステップです。座席番号や会場配置の確認、トイレの位置確認、受験票や身分証のチェック、そして深呼吸をして心を落ち着かせることが大切です。これらの準備をしっかりと行うことで、試験前の不安や緊張を軽減し、集中力を高めることができます。試験前に余裕を持って会場に到着し、必要な確認事項をひとつひとつクリアすることで、安心して試験に臨むことができます。

試験は自分の努力の結果を試せる数少ない機会です。ここまでの努力を信じて、自信を持って臨みましょう。そのためにも試験当日の朝から試験終了までの流れを事前にシミュレーションし、心の準備をすることも効果的です。試験本番では、冷静に対応し、自分の力を十分に発揮しましょう。

テストに挑む前に「戦略」を立てよう

ケアレスミスをしてしまいがちな人に対しておすすめなのが、**「目標点数をしっかり決めて、大筋の戦略を立てる」**ということです。

たとえば、みなさんはテストを受けるときに目標の点数を決めていますか？「いい点を取ろう」とか「高ければ高いほどいい」と考えていませんか？

そういう人の多くは、**「どこで何点取るか」「どう時間配分をするか」**を考えて問題を解いていません。

試験本番で、「残り時間が少ないからこの問題は諦めたほうがいいな」とか「ここは配点が高いから時間かけていいな」とか、そういう思考をせずに問題を解いてしまいがちなのです。

「どこの大問で何点とるか？」「どれくらいの時間配分で解くか？」という試験の戦略を立てられていないと、成績は上がりません。そして、**この戦略不足の結果として「取りこぼし」が生まれてしまう**のです。

「この時間になったら見直しをしよう」「ここに時間をかけすぎちゃダメだ」と考えられていれば、余裕を持って問題を解けますよね？　これがケアレスミスを防いでくれるのです。

多くの人は、自分の受ける試験の過去問をはじめて解いたとき「難しい！」となります。大抵、最初はいい点数なんか取れず、「このままじゃ不合格だ！」となってしまいます。

でも、それはみんなそうなんです。なぜなら、その試験問題に慣れていないから。

それこそ戦略がまったくない状態で突っ込んでいるのですから、問題が全然解けないのも当たり前なのです。

何度も解いていくうちに、「ああ、こういう問題なんだ」「こうやって解けば点が取れそうだぞ」という感覚が掴めてきます。

それをもとに、「ここには時間をかけていいはずだ」「これ、ちゃんとやろうとするとすごく時間を取られるから、やめたほうがいいな」とか、そういうことがわかってくるのです。

そのような戦略を立てられるようになるまでに、だいたい5年分くらい過去の問題を解く必要があります。それによって、成績が10点20点上がる……なんてことはザラです。ぜひ戦略を立てられるようになってください！

巻末
付録

テストテクニック大全の
ファイナルペーパー

5章で紹介した「ファイナルペーパー」を覚えていますか？
ここからは、本書のテクニックを短くまとめたファイナルペーパーです。

あなたにとって必要なテクニックが載っているページを切り取って見直すこともできるので、ぜひ使ってみてください！

答えがわからなくても選べる！
「選択問題」のテクニック

「断定しすぎ」には要注意

「**すべて**」「**必ず**」「**絶対に**」「**いかなる場合も**」などは例外を許さない極端な表現です。

選択肢にそのような表現がある場合は、その文は「**誤り**」である可能性が高くなります。

どうして？

ひとつでも例外があれば誤りだと言うことができ、出題者も「なぜ誤りであるか」を解説しやすいからです。

➡10〜11P

○×△テクニック

選択肢の文章を要素ごとに分解し、正しいと思えば○、間違っていると思えば×、迷ったり知らない場合は△を書き込みます。すべての選択肢に行ったあと、もっとも○が多い選択肢が正解に近いと考えます。

プラスのコツ

確信を持って×をつけることができた選択肢は、読み進める必要がないため、大幅に時短できます！

➡12〜13P

「常識はずれ」は不正解

明らかに常識はずれであったり、著しく道徳に反している選択肢は正解になりにくいと言えます。

どうして？

試験は多くの人が受験することを想定して作られるので、ある程度は常識に沿った解答が準備されるためです。

➡14〜15P

「間違いを選べ」で見るべき言葉：「言われている」「可能性がある」「場合がある」

「間違っているものを選べ」「適当でないものを選べ」と問われたとき、「**言われている**」「**可能性がある**」「**場合がある**」「**恐れがある**」「**傾向がある**」など、少しでも可能性がある言い方をしている選択肢は間違っているものとは言い切れない場合があります。

プラスのコツ

英語でも同様に、「**they say that**（言われている）」や「**have a tendency**（そういう傾向がある）」は間違っているものになりにくいと覚えておきましょう。

➡16〜17P

ネガポジテクニック

登場人物の心情を問う問題などでは、まず**選択肢の末尾がポジティブなのかネガティブなのか**を判別します。その後、本文がポジティブなのかネガティブなのかを読み解き、本文に合わないほうの選択肢を除外します。

プラスのコツ

「行動力がある人」⟷「せっかち」
「慎重な人」⟷「臆病」
　など、同じような内容でもさまざまな言い換えで表現されます。選択肢の内容が端的に現れる末尾に注目して判断することで、時短していきましょう。

➡18〜20P

選択問題の「自分ルール」を決めよう

「迷ったら３を選ぶ」「５秒以内に答えを決める」など、機械的に答えを判別する自分のためのルールを決めておきましょう。

どうして？

　一般的に、選択問題の配点は高くありません。そのため、悩む時間をできるだけ減らす仕組みを決めて、配点が高い問題にその時間を使うと効率よく点数を伸ばせるからです。

➡21〜23P

問題文の勘違い防止テクニック

ケアレスミスを防ぐため、問題文が「適当なものを選べ」なら問題文にチェックをしたり、「適当でないものを選べ」なら問題文の「適当でないもの」にマルをつけるなど、自分でルールを決めましょう。

プラスのコツ

　「いつもと違う指示のときだけ」ではなく、必ずすべての問題にマークをするのがポイントです。本番までに習慣化するようにしましょう。

➡24〜25P

マークをミスらないテクニック

・一問終わるごとに必ずマークする!!
・マークする行と問題番号を照らし合わせる!!
・「折り返しチェック」をする!!
・解答欄を間違えていないかを必ず確認する!!
・共通テスト数ⅠA受験者の合言葉は「**数Ⅰは解かない**」!!

➡26〜30P

キリトリ

2章

全部を読まなくてOK！

「読解問題」のテクニック

主語述語読み

長文読解で文の意味がわからなくなってしまったら、とりあえず「**主語と述語**」だけ抜き出して読むことで、理解できるようになります。

どうして？

文の意味がわからなくなってしまうのは、主語と述語の関係、つまり「なにが」「どうなのか」を見失ってしまうからです。長文でも主語と述語だけを抜き出して読むことで、「なにが」「どうなのか」が明らかになるのです。

➡34〜35P

問題を先に読もう

国語や英語の長文読解は、先に問題文に目を通しておきましょう。「この文章ではこういうことが聞かれる」と念頭に置いたうえで課題文を読むことで、「問題文と課題文の往復」を減らすことができ、解答のときに時短になります。また、先んじて課題文のテーマも把握できます。

プラスのコツ

「**傍線箇所の内容**」と「**出題要求**」に注目して問題文を読みましょう。

➡36〜37P

「キーワード」を見つけよう

長文の最初のほうの段落を読んだら、すぐに最後の段落を読みましょう。それらの共通点から、筆者の言いたいことやキーワードの目星をつけることができます。そして、そのキーワードに気をつけて読むだけで、長文を読むスピードがグッと上がります。

どうして？

多くの文章は「序論→本論→結論」の順番で進んでいきます。最初と最後に言いたいことを主張し、あとは補足である場合が多いため、最初と最後を読めばキーワードを見つけられるのです。

➡38〜41P

「問題文のヒント」を探そう

共通テストの国語と英語の読解問題では、問題文の最初に「この文章が一体なんなのか」を示す文章が用意されていることがあります。そこさえ読めば、ラクに問題を解き進められたり、常識と照らし合わせて答えを絞り込むことができたりします。

プラスのコツ

問いの中に文章の内容が示されている場合もあるので、「問題文からヒントを探す」習慣をつけましょう！

➡42〜45P

キリトリ

テクニック13 「最後の問題」を見よう

共通テストでは、現代文、古文、漢文、英語の長文読解の最後あたりの問題は、本文の要約になっていることが多いです。そのため、「最後の問題」を先に読むことで話の流れをおおまかに理解することができます。

プラスのコツ

こうした問題では、**「選択肢の番号順」に物語が進みます**。明らかに間違った文章は基本的には出題されないため、選択肢を順番に読むことで話を推測することもできるのです。

➡46〜47P

テクニック14 「よくある話」を探そう

国語や英語の読解問題で「こんなことって、よくありますよね？　みなさんも経験ありますよね？」からスタートする文章は、そのあと「でも、それって間違っています！」「それって実はこうだから！」といった説明になる場合が多いです。たとえば、最初の段落に「多くの人は砂糖が身体に悪いと思っている」とあれば、このあとの文章では「でも実はそうとは言えない」となりそうだと考えられます。それが予測できれば、長文を読むスピードを上げることができます。

プラスのコツ

英語では、「**always**（いつも）」「**tend to**（こういう傾向がある）」というワードが否定されやすいのでチェックしておきましょう。

➡48〜49P

テクニック15 「抽象」と「具体」のサンドイッチを見つけよう

一般的に長文は「抽象的な記述→具体的な記述→抽象的な記述」のサンドイッチで構成されます。さらに、抽象部分と具体部分の間で文意が大きく変わることは少ないため、この３つのパートのうち、どれかひとつでも意味を読み取れれば文章を理解することができます。

プラスのコツ

読んでいる部分が抽象部分なのか具体部分なのか、同じサンドイッチに属するのはどこなのかを把握しながら読み進めましょう！

➡50〜52P

テクニック16 「fact」と「opinion」問題：事実か意見かを見分ける言葉

「fact（事実）」はデータに基づいた客観的なもの。「opinion（意見）」はそれを解決すれば問題が解決するという主観的なもの。最近は「fact（事実）」を問う問題が増えてきました。「opinion（意見）」と混同しないよう、注意しましょう。

プラスのコツ

英語の場合、「must」は「主観的にしなくてはならない」といった意味で、事実ではない可能性が高いので注意です。ただし、「have to」は「客観的に見てそうしたほうがいい」という意味になるので、事実になることが多いです。

➡53〜55P

キリトリ

意見推測問題：極端な意見を省こう

文章を解釈する問題では、「**事実が正しいかどうかのチェック**」と「**意見が極端ではないかのチェック**」の２つを行いましょう。この２つの基準のうち、どちらかが間違っていれば、その選択肢は間違いです。その時点で候補の選択肢から外してしまいましょう。

プラスのコツ

選択肢を複数比較して、「まぁ、それは正しいと言える」と思えるもっとも無難なものを選ぶとよいでしょう。

➡56〜58P

得点最大化の魔法！「記述問題」のテクニック

「、」は使わない

文章で答える問題では、「問われている内容に過不足なく解答できているか」「解答に使った文章が日本語として正しいかどうか」を精査しましょう。そのうえで、読み手にとって短く読みやすい文章にするため、**読点「、」ではなく句点「。」を使うように意識してください。**

どうして？

読みやすくなれば、採点者に文意をとり違えられる可能性が低くなり、減点を防げるためです。

➡62〜63P

ねじれ文に注意

文章を書くときは「**主語と述語が一致しているか**」に気をつけてください。

プラスのコツ

「**単文**（主語と述語の１組だけでできている文章）」を中心に解答すれば、ねじれ文にはなりません。

➡64〜65P

理由・因果関係は「つなげて」解答しよう

「この理由を答えなさい」「これはなぜか」などの理由を問う記述問題では、「問題文と解答をつなげてひとつの文を作ったときに、違和感がないか」の確認をしましょう。たとえば、「Aくんが泣いたのはなぜか」という問いに対して、「Bくんがおまんじゅうを食べたから、Aくんが泣いた」としたときに違和感がないか、その違和感を解消するためにはどんな説明を追記するべきかを確認するのです。

プラスのコツ

文字数に余裕があれば、「〜だから、『Aくんが泣いた』」のように、問題文の言葉を使って解答してもOKです！

➡66〜67P

キリトリ

「変化」を問う問題で書くべき３つのポイント

「AがBに変化した」ことを記述する問題では、「**変化前**」「**変化理由**」「**変化後**」の３つを書いて解答するようにしましょう。

どうして？

「～の変化について説明しなさい」と問われているのに、変化後だけを答えると減点となる可能性があるからです。

➡68~69P

「背景」と「理由」を区別して書こう

「背景を答えなさい」と問われた場合は「**間接的な原因**」を記述して解答しましょう。

そして、「理由を答えなさい」と問われたら「**直接的な原因**」を記述して解答しましょう。

プラスのコツ

理由を考えるだけでは、背景には辿り着けません。「理由の理由」を考えることで、背景を答えることができるのです。

➡70~71P

英作文：意訳で書こう

日本語を英語にして記述させる問題で点数を取るには、「**日本語自体を簡単な日本語に直す**」ことが重要です。

プラスのコツ

「若年層」→「若者」
「不眠症」→「なかなか眠ることができない」
など、「難しい言葉を簡単にできないか」を考えるクセをつけましょう！

➡72~73P

「質問と答え」で整理しよう

小論文や文章の要約をする問題では、「**なぜ～～なのか。それは～～だから**」という構成を根本にして文章を整理して行きましょう。

どうして？

「なぜ？」という問いを繰り返すことで、どこを切り取られても理由がしっかり書いてある、突っ込みどころがない文章になっていくからです。

➡74~76P

4章 チャレンジを決めたら！「個別試験」のテクニック

リスニング問題：選択肢から内容を類推しよう

リスニング問題は放送が開始される前に選択肢を読み、「流れてくる問題を予測」して臨むのがコツです。

プラスのコツ

「**固有名詞**」「**一般動詞**」「**数量を示す副詞**」の３つを意識すると、会話の内容が予測しやすくなります。

➡80～82P

複数の条件が絡む問題：“逆”を突く選択方法

たとえば、「イギリスとニュージーランド」「森林と牧草地」に関する内容を図などで与えられ、「ニュージーランドと牧草地」の組み合わせを選ぶ問題を解くとき、答えがわからなければあえて「イギリスと森林」について考えてみましょう。

どうして？

「**考えるべき条件ではない条件**」も考えてみることで、問題の中で与えられたすべての条件から正解を探ることができるからです。

➡83～87P

理数系の試験：具体値代入を考えて消去法を使おう

正しい数式を選択肢から選ぶ問題では、計算をする前に具体的な数値を入れてみることで「ありえない答え」を消去することができます。

プラスのコツ

代入する数値は、「**０や１などの小さな数値**」や「**どこかの項が０になって消える数**」を選ぶとうまくいくことが多いです。

➡88～90P

中学受験の記述問題：記述問題は「末尾」から書こう

記述問題の解答は「絶対に削れない部分＝答案の末尾」から考えましょう。登場人物の気持ちが問われたら「**～気持ち。**」、理由が問われたら「**～から。**」「**～ため。**」、説明を求められたら「**～ということ。**」などです。

プラスのコツ

答案を書いていて、「もう時間がない！」となってしまったら、少々強引でも「。」をつけて終わらせ、「字数制限内の答案」の体裁を整えましょう。完璧でなくても、部分点を取りに行く姿勢が大切です。

➡91～93P

中学受験の算数：よく使う数は覚えよう

中学受験の算数では、「3.14（円周率）」を含む掛け算が頻出します。筆算しなくても答えられるように、以下は覚えておきましょう！

$1\times3.14=3.14$
$2\times3.14=6.28$
$3\times3.14=9.42$
$4\times3.14=12.56$
$5\times3.14=15.7$
$6\times3.14=18.84$
$7\times3.14=21.98$
$8\times3.14=25.12$
$9\times3.14=28.26$
$16\times3.14=50.24$
$25\times3.14=78.5$
$36\times3.14=113.04$

➡94〜96P

中学受験・高校受験の図形問題：よく引く補助線を知ろう

図形問題では新しく自分で線を引かないと解けない問題があります。
以下のよく引く補助線は覚えておきましょう！

・対角線

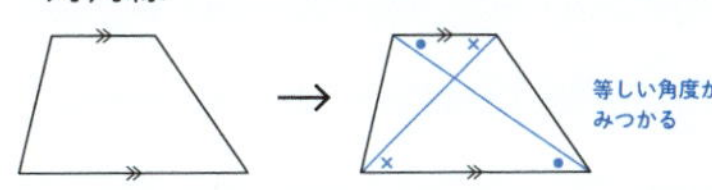

・延長線

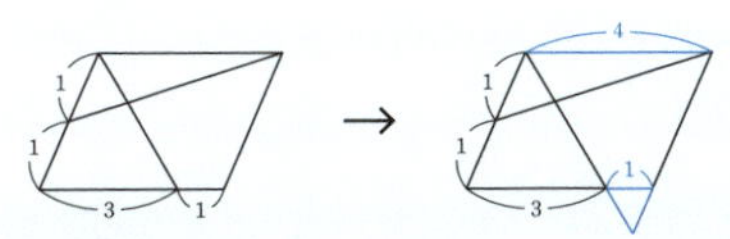

・平行線

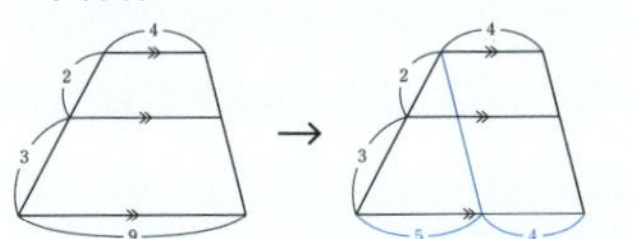

・円の中心と円周上の１点を結ぶ補助線

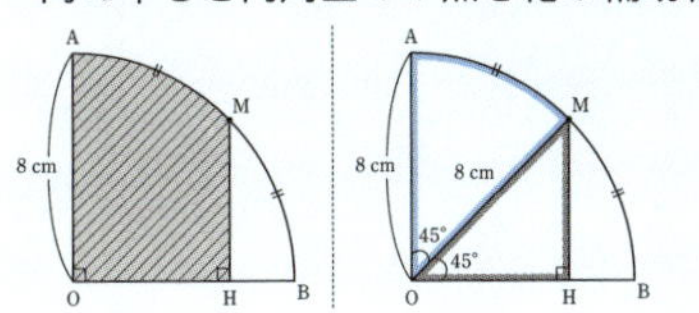

➡97〜101P

中学受験の算数や理科：単位は明確に

算数や理科の計算問題で途中式を解くときは、その数がなにを表す数だったのかわからなくならないよう、そして問われた単位で解答できるよう、途中式の中に単位を書き込みながら計算を進めましょう。

プラスのコツ

頻出の「秒速」と「時速」の単位換算のコツは「**1 m/s＝3.6km/h**」と覚えておくことです。これを知っていれば、計算量を大幅に減らすことができます。

➡102～103P

中学受験の算数や理科：「ありえない答え」は計算ミスかも

確率を求める問題で、自分の出した答えが１を超えていたら、それは必ずどこかで間違いが発生しています。同じように、求めた答えが「現実的にありえない」数字になったら、計算ミスを疑いましょう。

違和感に気がつくために覚えておくといい「現実的な数字」

・食塩は20℃の水100gに対して約36g溶ける
・人の歩く速度は、一般に約４km/h
・自転車の速度は、約15km/h
・自動車の速度は、一般道で約40～60km/h、高速道路で約80～100km/h

➡104～105P

中学受験・高校受験の社会と理科：グラフ読み取りのコツ

グラフ読み取りで見るべきポイントは次の３つです。

①グラフのタイトル、縦軸と横軸、単位
②グラフ全体の形
　右肩上がり／右肩下がり／水平／比例／反比例／０から始まっているのか……など
③変なポイント
　一箇所だけ極端に高かったり低かったりしていないか……など

➡106～109P

TOEICリスニング：放送前に内容を把握しよう

TOEICではリスニング問題の音源は１回しか放送されません。そのため、先に問題を読んで内容を把握しておきましょう。

プラスのコツ

すぐに次の問題が流れてしまうので、わからない問題はスパッと諦めて、次の問題に集中するのがよいでしょう。

➡110～113P

TOEICリーディング：資料の形式を意識しよう

TOEICリーディングセクションPart7では、資料を読んで答える問題が出題されます。資料の形式にはパターンがあるので、知っておくことで効率的に点数を取ることができます。

・advertisement（広告、商品紹介）

中古車の売買や水道などの修理、新店舗のオープンイベントなどで、開店時間や電話番号が書いてあることが多い。商品やサービスの紹介では、いくらで何ができるのかが問われることもある。料金表が添えられている場合、計算が必要なことも。

・article（記事）

テキストが上下線や枠で囲まれているときは、新聞や雑誌の記事として読む。誰かが偉業を成し遂げたとか、人気のレストランが新店舗をオープンするとか、何かしらのポジティブなニュースが載っていることがほとんど。人物の出身地や経歴、出来事など、書かれている事実を的確に押さえる。

・e-mail（メール）

まずは「どの立場からどの立場へのメールなのか」を把握する。「受信者は何をすべきか」が問われることも。

・text message chain（メッセージのやりとり）

SNSのDMのような、短文メッセージのやりとり。資料がスマホの形の枠に囲まれている。基本的に会話として読み解けばよいため、メールと同様、登場人物同士の関係性を探りながら読む。

・information（注意書き）

まずそれが何に関する注意書きなのかを把握する。資料の最後に掲載主の名前が書いてあることも多い。図書館での飲食禁止や、何らかの手順が指示されていることもある。

➡114～115P

英検：スピーカーに近い席に座ろう

英検は自分で座席を選べます。リスニング音源をはっきり聞きとるために、スピーカーに近い席に座りましょう。

プラスのコツ

スピーカーから離れた席に座ったからといって、音源が聞こえないことは基本的にはありません。あくまで「スピーカーの近くに座れたらラッキー！」の気持ちで試験に臨みましょう。

➡116～117P

キリトリ

英語試験のライティング問題：4つのポイントをチェックしよう

自分が書いた英文が正しいのかは、以下の４つを確認しましょう。

①３単現と品詞は適切か
②時制は一致しているか
③紛らわしい表現に惑わされて間違っていないか
④内容が説明不足になっていないか

➡118～121P

共通テスト：「目印」をつけて間違いを減らそう

共通テストの社会や理科、数学には自分の受験では使わない教科が含まれています。間違って解いてしまうと０点になってしまうので、試験が始まったら自分が解かない教科のページには大きくバツ印などをつけるとよいでしょう。

要注意！　間違えやすい教科
数学の場合：「数Ⅰと数ⅠA」、「数Ⅱと数ⅡB」
理科の場合：「物理と物理基礎」、「化学と化学基礎」など
社会の場合：「世界史Aと世界史B」、「日本史Aと日本史B」など

➡122～123P

共通テスト：問題先取りテクニック

共通テストで理科や社会など、２教科を選択して問題を解くとき、早く終わる教科を先に終わらせて、もうひとつの教科をその時間に早めに解きましょう。

プラスのコツ

理系選択の場合、物理の問題数が少ないため、物理から解き始めるのがおすすめ。逆に化学は計算に時間がかかったりするので２教科目にするのがよいでしょう。文系選択の場合、そこまで資料読解を必要としない世界史を１教科目にするのがおすすめ。逆に地理や日本史など、資料をよく読んで思考しなければならない教科は２教科目にするのがよいでしょう。

➡124～125P

キリトリ

緊張しない！
5章 「テスト当日」のテクニック

テクニック40 ルーティンを作ろう

「勉強前は目をつぶって、机の上に手を置いて、３回深呼吸する」など、集中する合図を脳にインプットしておくことで、試験本番も同じことをすれば平常心を取り戻すことができます。簡単なことでいいので、ルーティンを作るようにしましょう。

プラスのコツ

試験本番の数カ月前くらいから準備をしておくと、効果を感じやすいです！

➡130〜131P

テクニック41 問題を解く時間と順番を決めよう

過去問を解く際には本番をイメージして「**どの問題で何分使うか**」と「**問題を解く順番**」を決めておきましょう。

どうして？

試験で大切なのは「合格点を取ること」です。解けない問題は相手にする必要はありません。難問に当たった場合は、次の問題に行く、時間のかかりそうな問題を最初に解くなどの仕組みを作っておくと本番で得点が上がり、パニックにもならずにすみます。

➡132〜133P

テクニック42 「テスト当日」を想定しよう

テスト前に数日でもよいので、「テスト当日と同じ生活」を送ってみましょう。

どうして？

人は「いつもの日常」には緊張しないためです。テスト当日のタイムスケジュールを何度も経験することで、テスト当日を日常化しましょう！

➡134〜135P

テクニック43 テスト前夜は焦って詰め込むより精神を落ち着けて、早く寝る！

テスト前夜に焦って詰め込もうとすると、かえってコンディションが下がり、本来の実力が発揮できなくなります。これまでの努力を信じて、リラックスして休息をとることが重要です。

プラスのコツ

「**自分は誰よりもできる！**」と暗示をかけてテストに臨みましょう！

➡136〜137P

キリトリ

「ファイナルペーパー」を作ろう

あなたの苦手をまとめた「ファイナルペーパー＝直前に見る紙」を作りましょう。このペーパーを作る過程でも苦手分野の復習ができます。

プラスのコツ

たくさん書きたくなってしまいますが、基本的に「情報は最小限に」留めましょう。不安な用語や公式など、一目で復習できるようにつくるのがおすすめです。

➡138〜139P

当日の持ち物に気をつけよう

万全の状態でテストを受けることができるよう、持ち物にも気を配りましょう。試験会場が寒いかも、お腹が痛くなるかも、唇や目が乾燥するかも、小腹がすくかも……など、あらゆる状況に備えた準備が必要です。

プラスのコツ

受験当日を「特別な日」としないように、服装も勝負服などを避け、「いつもどおりの自分」でいられる状態にしましょう。

➡140〜141P

文房具の準備：Hの鉛筆より2Bの鉛筆を

共通テストをはじめとするマークシートの試験では、「Hの鉛筆」よりも、濃く速く塗りつぶすことができる「**2Bの鉛筆**」を用意するのがおすすめです。

プラスのコツ

「尖っている鉛筆」よりも、「**先が少し丸くなっている鉛筆**」のほうがマークシートを効率的に塗りつぶすことができるでしょう。

➡142〜143P

軽い運動とストレッチで視野を広げよう

試験当日、緊張でガチガチになってしまったら、散歩や軽いジョギング、ストレッチなどで筋肉の緊張をほぐし、リラックスしましょう。

プラスのコツ

試験中に疲れが出てしまうような激しい運動は避けて「適度な」運動やマッサージなどを心掛けましょう。

➡144〜145P

キリトリ

会場に着いて真っ先に確認すべきこと

試験会場に着いたら、まず座席番号と試験会場の配置を確認しましょう。次に、トイレの位置を確認します。さらに、受験票や身分証の確認をしてください。最後に、深呼吸をして心を落ち着けましょう。

プラスのコツ

試験会場に着いたあとの行動は、試験で最大限の力を発揮するための重要なステップです。ひとつひとつ確認し、心に余裕を持って試験に臨みましょう！

➡146～147P

キリトリ

のびのびとテクニックを使ってほしい

「テストをテクニックで解いていいのか？　それは本来の実力を測ることになるのか？」

これは、本当にいろんな場所でずっと語られている議論です。本書を書くにあたっても、この点は私も悩んだところでした。

でも、本書を読んでいただいたみなさんにはわかると思うのですが、テクニックは、ただの「ずる」ではないんですよね。カンニングして点数を上げるのとは違って、使いこなすための努力が必要になってきます。

「どうしてこの問題が出題されているのか？」という出題者の意図を考える中で問題を解くことができるようなテクニックがありましたよね。「その問題を出題することで、どのような能力を問いたいのか」という問題が作られた目的を考えることで解けるようになるテクニックもありました。

これらのテクニックは、使いこなすためにも「努力」が必要です。テクニックを使いこなせるようになるための訓練も必要になってきます。

逆に言えば、その努力をする中でしか見えてこないこともあります。

「真面目に勉強する」という言葉は定義が難しいですが、ただ暗記して、参考書を解いているような、「真面目な勉強」だけでは、「どうしてこの問題が出題されているんだろう？」なんて考える機会は少ないと思います。テクニックを使わない勉強ももちろん必要ですが、テクニックを理解して実践する勉強の中にも、学びがあるのではないかと思うのです。

ですから、ぜひ、のびのびとテクニックを使っていただければと思います。本書を読んでいただいたみなさんだからこそ、見えてくる世界・開く扉があるのではないかと思います。ぜひ、頑張ってみてください。

西岡壱誠

［著者］

西岡壱誠（にしおか・いっせい）

現役東大生／株式会社カルペ・ディエム代表
1996年生まれ。偏差値35から東京大学を目指すも、現役・1浪と、2年連続で不合格。崖っぷちの状況で開発した「暗記術」「読書術」「作文術」で偏差値70、東大模試で全国4位になり、東大（文科二類）合格を果たす。そのノウハウを全国の学生や教師たちに伝えるため、2020年に株式会社カルペ・ディエムを設立、代表に就任。
全国の高校で「リアルドラゴン桜プロジェクト」を実施し、高校生に思考法・勉強法を教えているほか、教師には指導法のコンサルティングを行っている。
テレビ番組『100%!アピールちゃん』（TBS系）では、タレントの小倉優子氏の早稲田大学受験をサポート。
また、YouTubeチャンネル「ドラゴン桜【公式チャンネル】」を運営し、約1万人の登録者に勉強の楽しさを伝えている。
シリーズ累計45万部突破『「読む力」と「地頭力」がいっきに身につく 東大読書』（東洋経済新報社）、『「思考」が整う東大ノート。』（ダイヤモンド社）ほか著書多数。

著者エージェント：アップルシード・エージェンシー
https://www.appleseed.co.jp/

5科目50年分10000問を分析した東大生の
テストテクニック大全

2025年1月28日　第1刷発行

著　者――――西岡壱誠
発行所――――ダイヤモンド社
〒150-8409　東京都渋谷区神宮前6-12-17
https://www.diamond.co.jp/
電話／03･5778･7233（編集）　03･5778･7240（販売）
装丁――――――小口翔平＋畑中茜（tobufune）
本文デザイン／イラスト／DTP――明昌堂
校正――――――鷗来堂
製作進行――――ダイヤモンド・グラフィック社
印刷／製本―――勇進印刷
編集担当――――吉田瑞希

ISBN 978-4-478-12161-0

※本書の内容から離れたお問い合わせにはお答えできませんので、ご了承ください。
※本書の内容は、試験の合否をお約束するものではございません。本書を利用したことによる損害等について、著者、出版社は責任を負いません。